# 零基础入门：涨停有道

德晟先生 著

中国商业出版社

图书在版编目（CIP）数据

　　零基础入门：涨停有道 / 德晟先生著. -- 北京：中国商业出版社, 2020.7
　　ISBN 978-7-5208-1205-4

　　Ⅰ.①零… Ⅱ.①德… Ⅲ.①股票交易—基本知识 Ⅳ.①F830.91

中国版本图书馆CIP数据核字(2020)第135718号

责任编辑：于子豹　袁　娜

中国商业出版社出版发行
010-63180647　　www.c-cbook.com
（100053　北京广安门内报国寺1号）
新华书店经销
福建省天一屏山印务有限公司印刷

★

880毫米×1230毫米　32开　5.5印张　60千字
2020年7月第1版　2020年7月第1次
定价：35.00元

★★★★

（如有印装质量问题可更换）

# 序　言

2020年，很多因为疫情不能出门的朋友选择开户做一下股票来打发时间，虽不求一夜暴富，但是谁都希望自己可以在这个市场里分一杯羹。时间仿佛也一下子回到2010年那个炎热的夏天……

2010年的时候，我人生中第一次开户，账户里充值了仅仅8000元，一路过关斩将，终于在2016年牛市彻底结束时，把资金做到了9位数。从一开始的懵懵懂懂到现在对于市场预判的信手拈来。这么多年，只有我自己知道我经历了什么、我明白了什么。

这中间有过多次想放弃，可每一次都是重新鼓起勇气继续前行。如果问我这世上最美好的事情是什么？我觉得就是那一瞬间的坚持。唯有坚持不可辜负。

其间共有三次账户爆仓经历，但每一次都如获至宝，因为每一次的失败都可以让我总结出很多东西。正是因为这几次刻骨铭心的失败，让我坚定了一个信念：如果将来某一天，我可以出书教人，我一定要把这里边要避免、能避免的风险告诉他们，这也是为什么我今天写下这本书的原因。

严格意义上来说，本书算是修订版，之前在私募工作时，曾在公司编写过一部内部使用的手册。当时是作为给新人开悟领路来用的。今天重新写这本书的时候，在以前的思路与战法上做了一些更改与提高。并且每天晚上，我会分享我的自选股和交易思路，如果想边学边提高自己，可以加我的个人微信进行查看。这些都是免费的。我个人微信号的二维码见下图。在学习中有不明白的可以随时问我。

本书所讲内容可以说是"纯干货"，不同于以往你看过的任何图书教材。这里全部以实战案例进行分析。如果在学习中有不明白的，一定要多读，多思考。

股票市场是一场残酷的修行，但修行定有终点。我能到达，你也一定可以。

本书中我从各个层面阐述了股票市场中的人性、经济生活的人性、龙头股的意义、龙头战法的精髓。告诉你何为大题材，游资大佬凭什么可以资产过亿、过十几亿，更顶级的做到过百亿。

本书原本稿件有近20万字，后来删删改改到了12万字左右，疫情这段时间，再次删删改改，最终到了现在的这8万字。我喜欢大道至简的东西，我也看过很多各种各样的投资类书籍，给我最大的感觉是乱，原本一句话可以说明白的东西，有的作者竟然能写几千甚至上万字，然后一口气出5本书。我烦这种做法，我只想留下一本真正能让人传阅的好书，哪怕我把它写成了一本枯燥的工具书，但一定比那些花里胡哨的书好很多。

最后我想说，遇到我，你运气真好！

德晟先生（盘中忙，回复慢）

微信号：taluosu

# 目　录

## 道　篇 ........................................................ 001

### 第一章　我为什么选择做超短 ........................ 003
第一节　我的炒股历程 .................................... 003
第二节　方法论救了我 .................................... 005

### 第二章　怎么做超短 ........................................ 012
第一节　借　势 ................................................ 012
第二节　超短核心 ............................................ 014

### 第三章　认识龙头股与龙头战法 .................... 015
第一节　了解涨停板 ........................................ 015
第二节　再讲讲房子 ........................................ 019
第三节　什么是龙头股 .................................... 021
第四节　什么是龙头战法 ................................ 022
第五节　什么是合力，合力为什么又叫作人气 ... 024
第六节　人性的理解 ........................................ 026
第七节　龙头战法会失灵吗 ............................ 029

### 第四章　题　材 ................................................ 031
第一节　江湖集结令——题材 ........................ 031

第二节 题材的分类与理解..................................034
第三节 什么是大题材..........................................042
第四节 题材是否有失效的时候..........................044
第五节 题材与时机的简单把握..........................045

## 第五章 龙头战法详解..................................049
第一节 龙头战法原理..........................................051
第二节 龙头的产生过程......................................055
第三节 如何通过跟随来选龙头——板块分析1........058
第四节 如何通过跟随来选龙头——板块分析2........062
第五节 如何通过跟随来选龙头——板块分析3........065
第六节 妖股的认知——认识板块龙与市场总龙头..070
第七节 什么是赚钱效应和亏钱效应....................072
第八节 龙头各板块涨停的解读..........................073
第九节 四五板后判断空间与市场地位................079
第十节 情绪的核心思考一致与分歧....................080

## 第六章 格 局..................................................088
第一节 盘面的格局..............................................090
第二节 主流这一块，你要拿捏得死死的............091
第三节 什么是情绪..............................................093

## 第七章 股票的真理..........................................095

# 术 篇..................................................................099

## 第一章 收集信息和分析信息..........................100

## 第二章 公告战法详解......................................105

| 第三章 | 盯盘技巧 | 108 |
| 第四章 | 其实复盘一点也不难 | 112 |
| 第五章 | 风险控制 | 117 |
| 第六章 | 什么是盘口 | 121 |
| 第七章 | 总　结 | 123 |

## 学龙头股的心得体会 124

龙头战法心得 124

我的龙头心得 128

龙头战法认知 131

龙头股心得 134

短线龙头股思考 137

龙头战法浅谈 144

龙头战法学习之感悟 147

我的龙头股心得体会 150

只有学过龙头战法的人，才会有的感受 153

## 道 篇

本书中所讲的"买入"均为打板买入。什么是打板买入？简单地阐述一下。

超短四手法，打板、低吸、半路、日内 t。

打板确定性相对较高。

低吸安全性高，确定性低，有爆发力。

半路风险大，确定性低，赚钱速率相对较快。

日内 t 风险低，但容易错失机会。

超短本质是资金流，手法只是表象。

情绪资金才是核心，"市场合力"才是王道。

打板是指专门在股票交易中做涨停板的股民们。涨停板是在股市交易市场中当天股价的最高限度的称呼，所以我们在股市中所提到的"打板"就是涨停的意思，通常将愿意追高购买股票的人叫作"打板族"。

涨跌停板制度源于国外早期证券市场，是证券市场中为了防止交易价格的暴涨暴跌，抑制过度投机现象，对每只证券当天价格的涨跌幅度予以适当限制的一种交易制度。

打板便是在涨停的瞬间买入目标个股。

# 第一章　我为什么选择做超短

## 第一节　我的炒股历程

> 弱小和无知不是生存的障碍，傲慢才是。
>
> ——出自《三体》刘慈欣

客观地说，如果我没有做股票，现在我应该也是国内电商圈的某一个大佬。在我读书的时候，尤其是上大学那几年，从大一开始，我已经带着团队做电商了。当时做的项目全部都是保健品，后来从保健品过渡到保健食品也是一路顺风顺水，2010年时，整个淘宝网有一半的海参产品是我在背后策划运营，那时候用"数钱数到手抽筋"来形容一点也不夸张。但是也正是这种盲目的膨胀与傲慢，导致后来踏入股市后一败再败，连连败退到差点抑郁，轻生的念头在脑中多次出现。

当时，大脑里还有一股不服输的劲在努力往外蹦："我一个堂堂名牌大学毕业的大学生，一个在读书时就已经小有名气，在电商圈内大小也是个成功创业者的'人才'不可能在这个市场输得一败涂地。凭什么那些只有初中文凭、高中文凭的人可以在这里赚百万、千万,最后成为一方游资,而我就不行。"我开始疯狂恶补各种投资理论,图书馆的投资书籍几乎被我翻了一遍。各种你们能叫得出来名字的投资理论我都学过。什么缠论、macd战法、Kdj战法、斐波那契数列战法、波段战法、价值投资、成长股战法、海龟战法、庄股理论。大大小小,凡是叫得上名字的战法,我都有涉猎。当我学完这所有的所谓战法后,信誓旦旦地来到市场准备大干一场时,却发现,哪方面都不行,市场就是针对我。我学了这么多,准备这么充分,最后为什么受伤害的还是我。然后,我得出一个结论:"我感觉市场就是针对我……"

## 第二节　方法论救了我

在我彻底准备放弃市场的时候，也是我女朋友准备考研的时候，有一天，她和我说，让我帮她研究一下考研如何提高英语成绩。如果说，在当时，论股票投资我不行，但是如果研究怎么提高学习成绩，我可以拿捏得非常准确。我把整个考研的流程捋了一遍，从笔试到面试，我发现似乎有这么一个现象：导师在面试的时候，最关心的并不是你笔试英语考得多高。而是在面试的时候，你能不能用英语对答如流，能不能帮导师看懂英文文献，这似乎是最关键的一条。顺着这条线来思考英语成绩的问题，我似乎找到了答案。

在某一个周末，我带着女朋友把刚报名的考研突击培训班退了。带她吃了一顿中午饭之后，下午带着她直接去报名托福。我告诉她："如果你想把英语成绩提高到考研同学中的拔尖水平，那么你准备的这些考研学习资料是远远不够的，学托福、GRE才是捷径。"

她问我为什么？

现在我也告诉你们为什么，答案只有四个字："降维打击。"

一、降维打击

要玩就玩降维打击，和二流的人在一起学习，你最多学到三流，很多人最后甚至不入流。如果想达到二流的水平，那就跟着一流的人学，不要只盯着考研的这些事情，而是要盯着比考研更高级的东西，盯着他们的学习方法和思维，这样你才能提高考研的成绩。和那些GRE能考到160多、托福能过110、雅思能过8的优等生在一起学习，然后你再回头去做考研的题，它能有多难？

这就是方法论。具体可以分为以下几项：

1.认知层面

什么是认知层面，就是认识事物的本质，了解其背后的基础逻辑，最后能应用到现实中，哪怕在这个时候你不能正确运用，但要做到心中有数，知道为什么是这个，而不是那个。

2.思维模型，建立知识体系

在你已经认识到事物的本质和逻辑后，开始大量储备这个领域的知识，找出关键的要素，能做到举一反三。知识体系要有一个大的框架，且必须是结构式的、网状式的，相互之间必须是关联的。知识内容之间可以点对点、面对面地产生关联的。

3.刻意训练，达到知行合一

王阳明是我从小就非常崇拜的人，在我很小的时候，我的父亲就开始给我灌输王阳明的思想。其中，知行合一对我的影响最大。那么如何做到知行合一呢？就是要在建立了强大的知识储备的同时，不断去执行所积累的知识，努力挑战走出舒适区，不断地练习，不断地反馈、修正、改进。只有这样，才能达到最高境界。

总结下来：

认知+思维模型+刻意练习=正确学习的方法论

在现实世界中，掌握了这些方法，不论是指导孩子学习，还是指导自己的工作，都可以获益匪浅。

放在股票市场该如何运用呢？还是分三个层面来思考与执行。

（1）认知层面，与强者为伍

什么是与强者为伍？

第一，努力去结识股票市场比你厉害的人。

这个时期，我在北京投了一份简历，命运女神再次向我抛来了橄榄枝，我成功进入了一家到现在很多老百姓都不熟悉，但在圈内顶级的私募公司。后来很多人介绍我们的时候，都会说这么一句话："他们在股值上升到80多的时候就已经开始大量购买茅台了。"我们也都只是微微一笑，其实，不仅仅是茅台，后来很多优质的个股都有我们的买入痕迹。

在那里，我第一次见识到身家过几十亿的大佬每天如何操盘，如何做复盘、做研究。

与强者为伍，站在巨人的肩膀上，你只要正常发挥，就能达到顶峰。

说到武侠小说，所有人的第一反应就是金庸老先生。在金庸老先生的书里边，我个人最喜欢的是《鹿鼎记》。我认为这是一本活脱脱的菜鸟逆袭做大佬的指南书。

韦小宝这个人是扬州丽春院妓女韦春花的私生子，在他成年之前，一直厮混在妓院这种鱼龙混杂的地方。第一次逆袭是拜师天地会总舵主陈近南为师，在这期间，跟随洪安通等武林高手学武，但是生性懒惰的他知道自己学不了这些，但是借力打力，通过洪安通等人，结识了很多江湖上的兄弟，后来遇到九难师太，只学了一招——"神行百变"。虽然名字好听，但其实就是一个专门用来逃跑的武术。不仅在当时的江湖上混得很好，在朝堂之上更是如此。韦小宝进入皇宫，认识康熙后成为皇帝的宠臣，擒拿鳌拜，解救沐王府，探望顺治帝，出使云南，平叛神龙岛，帮助索菲亚公主夺权，获雅克萨之战大捷，封公加侯，扬名天下，发了大财，娶了七个如花似玉的老婆，最后功成身退，结局圆满。每一次的成功都有一个特点，那就是要么旁边有高人相助，要么就是自己之前建立的江湖地位机缘巧合救他一命。他做了什么突出的事情吗？其实并没有，但是他把"与强者为伍"运用得非常娴熟。

类似的故事在资本市场也在发生着,巴菲特如果没有遇到他的恩师格雷厄姆,如果徐翔不是他的表哥带他入市,也许世上就没有这些人的精彩故事了。如果你周围都是一些三教九流,就像我上边讲到的,都是只想考研的人,那么远离他们吧,把时间用在比自己优秀几个级别的人身上。

在股票市场如何向高手学习。首先,你一定听过各种游资的故事,这些故事或多或少都有添油加醋的嫌疑,但是核心是不变的,那些高手全都在市场或多或少地留下了只言片语。百度一下,你可以找到很多。其次,就是看强者的龙虎榜席位。去看一下他们都买了什么股、买了多少,又是什么时候卖的。常看常新,作为学习的过程,多看一点并没有什么坏处。

第二,认识强势股票。

认识市场什么股票在涨、为什么在涨,你会发现市场上每个月能够大涨的股票,很多都是短线牛股,也被叫作龙头股。那怎么去认识它们?很简单,把它们找出来,研究为什么涨、为什么跌、是因为什么、它到底发生了什么。

总结:从一开始就要养成一个习惯,那就是去接触比自己优秀的行业从业者,看他们做什么、怎么做,从中窥探奥秘。

(2)建立思维模型的过程——研究牛股的方法

把最近5年所有连续涨停超过50%的个股自己找出来,再找到这些个股连续涨停的原因：它是因为什么题材涨停的、它的板块发生了什么？当时大盘又是怎样的一个走势？这些数据你自己统计一下，也许不用看我的书，只需要统计这些数据，你就已经进步很高一个层面了。就像打游戏升级，每研究一只牛股，你就可以提高一级，久而久之，级别就满了。

对我个人来说。在我大量地研究了很多牛股之后，我得出一个结论：如果一只股票想在短期内大幅上涨，永远跑不出以下几个条件：

第一，题材的刺激；

第二，市场合力；

第三，趋势的助力。

## 二、一万小时定律

一万小时定律是作家格拉德威尔在《异类》一书中指出的定律："人们眼中的天才之所以卓越非凡，并非天资超人一等，而是付出了持续不断的努力。一万小时的锤炼是任何人从平凡变成世界级大师的必要条件。"他将此称为"一万小时定律"。

其实，一万小时定律非常空洞，这世上有无数人在从事自己行业内的事情的时间都超过了一万个小时，但并没有发现他们每个人都成为行业顶尖人才。我想，原因更多的是这一万个小时都做了什么，或者说用什么方法可以有效提高这个定律的成功性。

首先,你要掌握这个行业的规律,发现这个行业内大佬成功的规律。

其次,你要了解你的竞争对手是什么人、他们每天在做什么,查漏补缺超越他们,直到甩掉他们。

最后,总结出符合自己的一套方法,建立强大的目标,并持之以恒地坚持做下去。

所谓复杂的事情简单化,简单的事情重复做。最后便是大道至简的成功。

既然已经知道了方法与理论,那么需要大胆地刻意练习就行,这个时候,我并没有之前那么莽撞,我所动用的资金也只有不到1万元,每次只买100~200股,这样练习了差不多半年的时间,有一天,我做了统计,我的方法成功率竟然达到了9成。还等什么?创造财富的机会来了!!

# 第二章　怎么做超短

股票市场的赚钱方法有很多种，但大的方向都是一样，就是"借势"，借各种各样可以刺激股票市场上涨的势。只要你在"势"起来的时候第一时间参与，其他事情不需要你再做过多的折腾。待"势"不能持续的时候，随手那么一卖获利了结。如此反复，经年累月，自然可以富甲一方。

## 第一节　借　势

所谓势，其实就是风口。"当大风来的时候，猪也能飞起来"。这句烂大街的话，很多人都已经知道了，但是放到实际的股票市场上，有时候却是一头雾水。怎么样才能准确地借到势呢？唯有超短。几乎每周都有风口，大大小小，起起伏伏。如果你常年待在一个股票上趴窝。那你只能欣赏别人乘风而去的快感。每个人的资金是有限的，市场上再厉害的高手，也都是小资金利滚利一点点做起来的。你要记住，你要通过复利来赚钱，而不是某一只单独的股票，哪怕是巴菲特老人家，每年也都会有调仓换股的时候。只有这样，通过资金利用率的不断提高来争取更多利润，从而扩大账户收益。确定了短线的思维之后，再从无数众多短线股中找到最强势的、最关键的某一只股票，这只股票我们一般称为强势股或者龙头股。

简单挑几个我做过的个股和你们说一下，感受一下短线龙头股的魅力。

| | |
|---|---|
| 600513联环药业 | 2020年1月23日买入，后盈利60%利润 |
| 002239奥特佳 | 2020年2月19日买入，后盈利40%利润 |
| 002613北玻股份 | 2020年2月14日买入，后盈利30%利润 |
| 600579克劳斯 | 2020年2月28日买入，后盈利40%利润 |

还有非常多的案例，我这里只是简单地列举了一些我做的一些个股。更多的案例和自选股，我都是第一时间公开在我的个人微信号的朋友圈里。

## 第二节　超短核心

超短的催化剂是"题材"的诞生,延续性靠的是"市场合力"的持续。也只有精通这两条核心要素的人,才可以把超短做好。接下来,我会仔细认真地讲解这些内容。

## 第三章　认识龙头股与龙头战法

### 第一节　了解涨停板

在认识龙头股之前，先让我们了解一下涨停板。

涨停板是暴利和暴亏的双面剑。用好了无往不利，用不好，亏得底掉。

涨停板可以说是A股市场一道特立独行的风景，不像美股、港股那样，不限制涨跌幅，我们的规定就是涨跌停10个点。那么这种制度就暴露了一个问题：如果你看好某只股票，当天涨停，如果想继续买入，就只能第二天再参与进去，如果一只股票非常亮眼，想买入的人特别多，那么结果就是可能发生连续涨停。龙头股一定就是这些连续涨停个股里边的某一只。连续涨停的个股不一定就是龙头股。这个大体思路你一定要熟记。

一、涨停板的分类

圈内有几句很有意思的话，叫作"打板穷三代，超短毁一生，喝最烈的酒，打最硬的板"。

那么为什么会有这么几句话呢，这个就要从涨停板的分类说起。

1.机构参与的趋势板

我相信大家都知道，机构多数是指公募基金。而他们大量买入的股票，如果某一个涨停，我们称之为机构板。而机构所持有的股票，多数情况下，是走一种类似波段趋势的技术图形。所以也叫作趋势板。

机构板的特征是在个股启动前突然涨停，之后开始调整。以及在主升浪的时候连续1～2个涨停，之后开始调整。这种涨停带来的利润非常少，不适合散户以及游资大佬介入，又因为机构票一般流通盘过大，没有资金愿意第二天大量买入，造成涨停后由于没有资金的强势介入而开始调整。故此类涨停一般不参与。

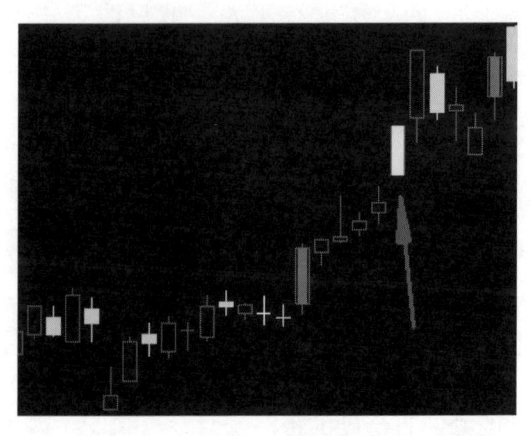

类似IRP142在2020年2月24日涨停后便开始调整

2.技术图形板

此类涨停看字面意思，我想大家也可以理解，当一只股票走到某个位置时，由于技术面的支撑，卖盘的减少，某个资金在当日快速拉升涨停板，大举买入导致的涨停。此类涨停特征如下：

（1）股票图形走到了某种技术面调整的位置。

（2）卖盘减少，也就是空方资金减少，买方只需要一点资金，就可以拉到涨停。

此类涨停板和机构趋势板类似，由于是技术面反弹导致的涨停，缺乏内在强有力的逻辑，往往不能连续涨停，甚至第二天直接低开后调整。

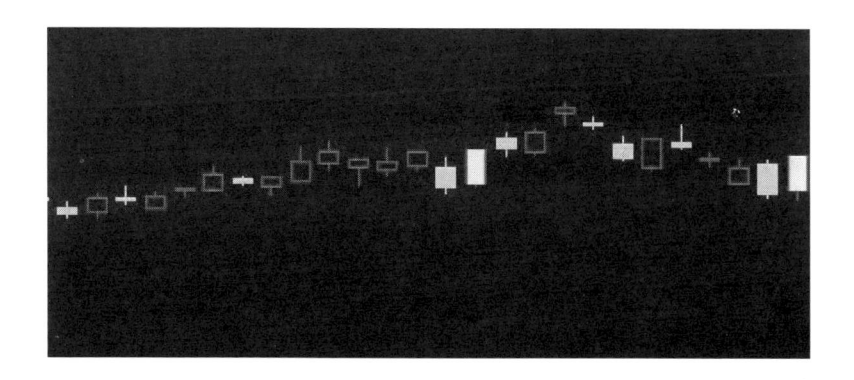

600589在2020年3月17日的涨停

## 二、个股连续调整后突然拉板

### 3.合力板——必须认真研究学习的涨停板

龙头股涨停板也叫作合力板。这是最重要的涨停板，此类涨停因为拥有强大的内在逻辑或题材板块支撑，吸引了市场上最凶猛、最聪明、最敏锐的资金介入。市场上能够连续多个乃至连续十几个涨停的个股，90%是这些资金参与的。正是因为有这些资金的参与，市场才造就了无数暴富神话，更成就了无数经典妖股。这里边动辄出手几千万的资金，我可以负责任地说，均是从小散一路杀出重围走出来的。而这种涨停板除了游资的参与外，还有无数的散户资金在参与。每一个参与进来的散户都在为了成为一路游资而努力着。当游资和散户一起买入某只股票时，这只股票的涨停便是合力板。所以当你在阅读本书的时候，应立志做到如此成就，成为一方游资霸主。

## 第二节　再讲讲房子

任何脱离生活的案例讲解都是纸上谈兵，只有最接地气地讲道理，才可以让人一遍就懂。

熟悉我的朋友都知道，这些年，我在全国各地很多地方都买了一些房子做财务配置，但是我买房子只看一种，或者说只买一种房子，那就是学区房。在中国，任何城市发展的经济结构都摆脱不了房地产的存在，我们常说存在即合理，既然房地产存在，便有它的合理性。那如何运用其内在逻辑让自己从被动为变主动呢。

一个城市的房地产，不论这个城市的规划是怎么安排的，永远逃不出三大范畴：第一就是交通便利的房子，类似地铁房。第二就是地理位置周边配套过硬的房子，类似公园房、购物中心房、城市经济中心的房子，以及部分景区房。第三就是很多家长为之头痛的学区房。不论开发商的广告怎么打、优惠政策怎么搞，永远都摆脱不了"地段"两个字。而这些区域内的好房子，我统称为"龙头房"。有些地区的学区房甚至可以从幼儿园到小学，最后到中学都是这个城市排名第一的学校。

这种房子就是最核心的学区房,我叫它"学区龙头房"。就像我在青岛买的一处房产,从2018年开始,青岛部分地区的房价有所下跌,2019年,有些地方的跌幅达到了20个点,但是学区房不跌反涨。这就是龙头的魅力。

再说一说买这些房子的人群,一般情况下,买得起这种房子的家庭,你个人认为是天上掉馅饼中彩票的人多,还是在自己所在的行业内做的前几名的人才多?我相信是后者居多。那么这些业主涵盖了很多行业,我定义他们为"自己所从事行业内的精英人群"。因为,他们都是自己行业内出类拔萃的人,算得上行业内拔尖的人。也可以这样认为,他们是自己行业内的"龙头人群"。

## 第三节　什么是龙头股

从房子回到股票市场来。股票市场内某个行业或者板块题材里边涨得最好的，我们可以定义为龙头股，而买龙头股的人往往是这个市场内最厉害的资金、对市场理解最充分的人。市场上有几千只个股，同时A股市场开户人群目前大约有2亿人。2亿人中对市场理解最充分最聪明的资金一起买入的某个股票，大概率就是龙头股。或者说，这就是龙头股。

咱们捋一捋这内在逻辑。行业精英（龙头人群）购买一个地区的学区房，这里边最好的房子，我称为"学区龙头房"。

A股里最厉害聪明的资金买入某个题材或板块内最好的某只股票，这只股票就是龙头股。

讲到这里，我想有些朋友应该已经大体明白这内在的逻辑了。但是如何做，依然是一头雾水。接下来的内容里，我会由点到面慢慢地和大家阐述明白这里边的每一个细节。

## 第四节 什么是龙头战法

最早有人说龙头战法是"宁波敢死队"发明的,其实并不是,"宁波敢死队"实际上是让龙头战法开枝散叶的最早一批人,但要细细追究下来,其实在20世纪90年代,市场就已经出现了龙头战法,只不过那个时期,由于信息闭塞的缘故,只有极少数人可以接触到它,而想达到精进,是非常需要缘分的。我个人也是在机缘巧合中遇到我的师傅,才得以精进龙头战法。他在1994年就已经开始使用龙头战法,现在你们熟知的一些股票大佬,当年多多少少都得到过他的点拨。

再往前翻,你会发现,投机的鼻祖李佛摩尔老先生曾经说过,他做股票,只做领头羊。现在看,领头羊是不是就是龙头股的意思?只不过当年这些东西并没有被大规模地运用,很多人也是一知半解而已。

龙头战法,说白了,就是选出龙头、买入龙头、卖出龙头的方法。但是这里边有很多细节需要慢慢积累与摸索总结,不经过长时间的打磨,是很难一下成功捕捉到龙头的。龙头战法包括市场资金的博弈、题材逻辑的分析、基本面以至国家政策的分析，它所讲究的是多个事件或者说多个维度的同时共振，是技术层面与心理层面的结合体。这里心理层面的运用大过技术层面的分析，如果你有幸大成，你会发现到最后不需要技术面的配合，一样可以做好龙头股。至少到目前为止，我以及我认识的所有做龙头股、运用龙头战法的人都已经彻底抛弃技术分析了。

## 第五节　什么是合力，合力为什么又叫作人气

说起来，合力很抽象，但是又很好理解。君子不立危墙之下，反过来说，君子哪里舒服去哪里。市场上的最聪明的资金形成的上涨，就是合力的表现。这里边讲的最聪明的资金就是合力的资金。合力资金包括游资以及所有散户。

这些资金一起搭建了一个完美的合作平台，在某一只个股里完成击鼓传花的游戏。完成一个在短期内的群体博弈的游戏。比方说，我今天在涨停板打板买入一只股票。第二天，我在涨停板上卖出这只股票，而你在这个涨停板买走了我卖出的筹码。但是这只股票继续涨停。我完成了一个从昨天买入到今天卖出的盈利。而你在今天涨停后买入，在明天涨停后卖出。同样的筹码，从我这里传给了你，你又传给了别人，完成了从我到你，再到别人的流通过程。但是你我都是盈利的，只要可以盈利，这个游戏就能玩下去。

所以有的时候，如果你用估值法、基本面的方法来分析某些个股的时候，怎么分析、怎么判断都不应该涨停，但这只股票偏偏就是涨停了。这就是因为合力。那合力为什么又叫作人

气呢？因为只有超高人气的个股才能让你我手里的资金主动买入这只股票。这就是通过制造人气来吸引场外资金买入这个股票制造合力。

明星为什么喜欢炒作，不论是黑料，还是炒cp，只有炒作，他们的曝光度才会增加，增加了曝光度，自然会给他们带来流量，有了流量，他们的身价就会自然而然地升高。这样不就来钱了吗？有钱了再洗白，搞一个贤妻良母、孝敬老人、知书达理的人设，继续捞钱，自始至终，苦的是那些傻傻的粉丝。

在A股市场亦是如此。个股通过人气与合力的炒作，涨停板越涨越多，最后导致个股成为市场人气龙头大妖股。远的不说，咱们就说最近的几只个股。

2019年的600776，东方通信。2020年2月的300160，秀强股份。这些不都是从龙头最后演变成了市场独一无二的大妖股！这些股票才是你我毕生应该追求的股票，每年不求多，做到2~3只足矣！

## 第六节　人性的理解

对于合力，我想大家已经有了一个浅显的认识。简单地说，就是市场上一群做龙头股的人动用手里可利用的资金来一起参与某只龙头股，这里面除了龙头股本身的魅力以外，还有一点极其重要，那就是人性的贪婪。

一、人性弱点

我本人在读高中的时候，在当时的学校属于小有名气的一个人，并不是学习多么优秀，而是每个班级都有因为QQ会员而认识我的人，不仅在当时的高中，在高中之外的几个初中里，也有很多人对我小有见闻。可能有人有些好奇：为什么是通过QQ会员认识我？

我读书那会儿，刚好是QQ会员、QQ空间爆发的那几年，如果在当时你想让自己的QQ或者空间亮眼的话，你除了要购买会员以外，还要购买黄钻、蓝钻、红钻等，更有甚者，直接把所有的QQ业务一起开通。商家往往利用的就是客户虚荣心作祟的心理展开营销，我自然而然地加入了这支虚荣的队伍。但我和我的同学不一样的地方在于，我除了自己花钱装扮我的

QQ空间以外,我会销售所有你想开通的QQ业务。具体流程就是简单地进货卖货,我从网络上的卖家手里买入这些资源,我的同学再从我这里购买。为了发展这个业务,我在每个班级发展了一个代理,他们一个订单可以提成1元钱左右,不要小看这1元钱。在当时,一个学生一个礼拜的零花钱也没有多少。后来,我在周围的初中、技校各发展了很多代理,正是这些人在前边前赴后继地给我发展客户,我才做到了在后端尽享渔翁之利。

可能你会问,这和股市有什么联系?和人性弱点又有什么关系?

1.学生的虚荣心便是"好奇"。

2.我的收费比商家便宜,这是"贪"。

3.代理从我这里进货可以获得提成,这也是"贪"。

4.学生通过装扮空间等其他项目来吸引异性的关注,这是异性相吸的磁铁效应。

现在闭眼睛想一想,你周围所有的生意,这世上所有的生意,哪一桩离开了人性弱点?你能找到完全摆脱人性弱点的生意吗?我可以负责任地告诉你,没有。真正的营销大师一定是精通此道的人才。

二、放在股票上如何理解贪婪

股场如战场,谁主沉浮,这要取决于你对这个战场的理解。

人性的贪婪是与生俱来的,而体现在股票市场,会使很多人前赴后继地买入各种各样的股票。这里边有垃圾股,也有龙头股,只要这个世界还有人类存在,只要人类继续开户进入这个市场,那么人性的表现就不会彻底消失,我们说"韭菜的记忆只有七秒"。昨天刚亏完,今天又来参与,不就是因为贪婪吗?贪婪导致人类拿着手里的资金到处追涨杀跌,形成了市场每天几千亿,甚至过万亿的资金流动。

人为财死,鸟为食亡。这是悲剧,更是现实。

## 第七节　龙头战法会失灵吗

这是一个老生常谈的问题，每年、每个月、每一周都有人在感叹：龙头战法失灵了，以后不能做了，为什么我买的是龙头，最后还亏钱了？正因为很多人自认为自己做的是龙头股，出现亏钱后，开始质疑龙头股战法失灵。但是你认为的事物并不一定是真实的，请记住：你以为你认为的东西是你认为的。其实你认为的东西并不是你认为的。

龙头战法是整个A股最高级别的博弈理论，它是对市场理解（题材理解）、情绪理解（合力人气）、资金理解（聪明资金）等各种数据的一种综合的逻辑推演，这里边还包括自我认知的修为，以及自我情绪控制的能力。可以毫不夸张地说，股票市场是一门哲学，龙头战法是理解这个市场的哲学工具。

有人的地方，就有江湖，资本市场就是一个江湖，这里各路资金流派汇合在一起，资金闪展腾挪，互为对手。其中，龙头战法的核心力量就是市场游资，有些游资，现在已经身家百亿，但依然奋斗在龙头操作的第一线，具体是谁，这里不方便公开。当今的市场上仍然有无数龙头股出现，仍然有无数游资资金呼风唤雨。这就可以很好地佐证龙头股战法是否失灵这一说法。

反向倒推,如果市场上没有游资了,那龙头战法可能就失灵了。

可人性怎么会让游资彻底消失,龙头战法又怎么会彻底失灵呢?

# 第四章 题 材

"世界经济史是一部基于假象和谎言的连续剧。要获得财富，做法就是认清其假象，投入其中，然后在假象被公众认知之前，退出游戏。"这话是索罗斯说的，说得一点也没错，站在更高的角度去看待这个世界，这世界所有的经济现象都充满了骗局。

## 第一节 江湖集结令——题材

一说到"题材"这两个字，很多朋友可能会一头雾水，有些朋友听说过，却不能具体讲明白到底什么是题材。其实题材并没有你们想象的那么复杂。你可以把题材理解成一个消息，或一个促使生意谈成的由头。龙头股是由无数资金一起打造出来的，有时候，打造龙头的缘由就是简单的一个消息而已。

比方说疫情期间的口罩股，因为疫情的爆发，家家户户都需要口罩，那么资本市场顺势炒作口罩股就是逻辑上的正确操作。从一开始的000652泰达股份开始到后边生产口罩材料的

002838道恩股份。前者是生产口罩，后者是生产制造口罩的原材料。题材是口罩市场的爆发，直接刺激了这两只个股的走牛。你看，题材就是这么个消息，你不用过多地去研究口罩的生产工艺，你也不需要像机构投资者那样跑到市场上去做调研，跑到口罩厂看他们的生产流程。你只需要知道现在全世界都缺口罩就可以了。当某一天，市场上最聪明的资金发现有很多资金开始陆续跟进炒作这两只股票的时候，他们自我分析后认为依然有利可图便会前赴后继地杀入这两只股票中，无形中就形成了一股合力。

题材就是引导资金买入某个板块的消息或者新闻。当板块走起来的时候，走得最好的往往就是这个板块的龙头。

题材一定不是很难让人捉摸不透难以理解的，只需读懂字面意思就可以。因为这个市场的参与者，不是所有人都是985学校毕业，也不是所有人都精通所有行业，如果想让一个题材板块形成合力，一定是以及必须是人人都能读懂的内容。正所谓"得散户者，得天下"。类似的还有当时成立雄安新区，后来炒作的个股就是围绕雄安新区产生，如水泥、基建、钢铁等。再比如2019年的创投板块诞生，利好的自然就是参股各类独角兽的企业，以及专业做创业投资的企业。还有华为5G的诞生，炒的个股全部是整个板块内的，从芯片到软件、到硬件显示器，再到各种各样的配件厂商上市公司。因为疫情的爆发，国家开始大规模搞新基建，新基建突出一个"新"字。何为新？国家政策里说得很明白，特高压、5G建设、充电桩，这些都是新基建，涉及方方面面，均是未来国内每个城市都需要的新式硬件设备。

  这些年，全国各地到处都有各自的股票讲座学习培训，几乎所有教师的理论都是一样的。市场上的消息是庄家发出来欺骗散户的，炒股要学会跟庄。只有掌握了庄家理论，你才可以无往不利。难道对于一些国家顶层设计的消息，或者突发性消息，他们能提前知道？岂不是神仙。就拿这次疫情来说，疫情板块很多股票都翻倍了，这种突发性的事件竟然还有人敢说是庄家作盘。朋友，你是在搞笑啊？这种人命关天的事情怎么可能由某一个资金可以提前做局。更何况一些国家顶层设计的方案，涉及很多个股，有些人还能用庄家理论说出个一二三来。

## 第二节 题材的分类与理解

那么题材该怎么分类呢？大体分为以下几种：政策性的、行业性的、突发性的、基本面性的。

**一、政策性**

政策性的题材又分为国家层面的消息和地方性政策消息。

1.国家层面

比如科创板的成立、经济改革要闻、农业政策等各种在《新闻联播》重点播报的新闻。

目前A股市场比较重大的资本市场制度改革一共有三次，第一次是股权分置改革；第二次是创业板设立；第三次是科创板设立。股权分置改革影响了所有A股的上市公司，且影响深远，它是催生2007年大牛市的重要原因之一。

2005年4月29日，中国证监会发布《关于上市公司股权分置改革试点有关问题的通知》，宣布启动股权分置改革试点。5月8日，沪深交易所和中国证券登记结算公司发布《上市公司股权分置改革试点业务操作指引》。5月中旬，政府监管机构明确表示：股权分置改革"开弓没有回头箭"（新华网北京

2005年5月15日电,《中国证监会主席尚福林就"股权分置改革"焦点问题接受新华社记者独家采访》),表示一定要把这次改革搞成,并发布了一系列措施,鼓励资金入场。在2007年10月,沪指创了6124点最高点。

再往下细分,雄安新区的建设也是国家层面的政策,可以说是前无古人、后无来者的级别,直接促成了大牛股000856冀东水泥的诞生。

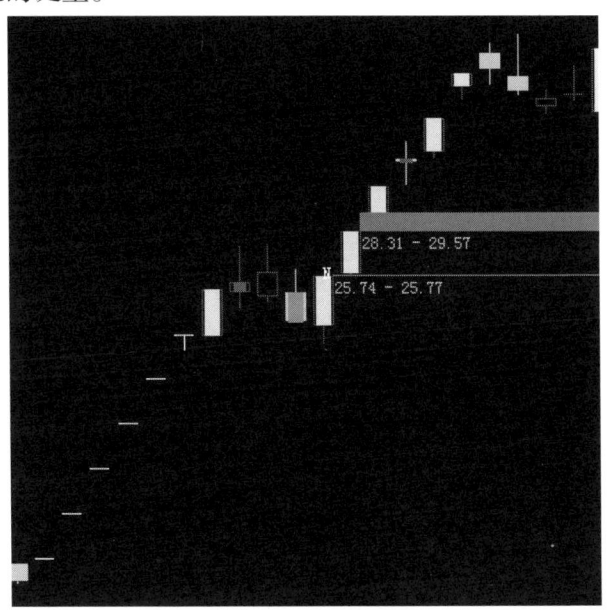

000856冀东水泥K线图

还有一种是类似国家层面提到的某些行业消息。如加快推进国家规划已明确的重大工程和基础设施建设。其中重点提到的5G和特高压行业。鉴于5G以前已经炒过,不是最新的题材，市场直接选择了特高压板块作为出击目标炒作。龙头便是当时我参与的600550保变电气，一波下来，走了10个涨停。这就是国家层面政策炒作的力度。

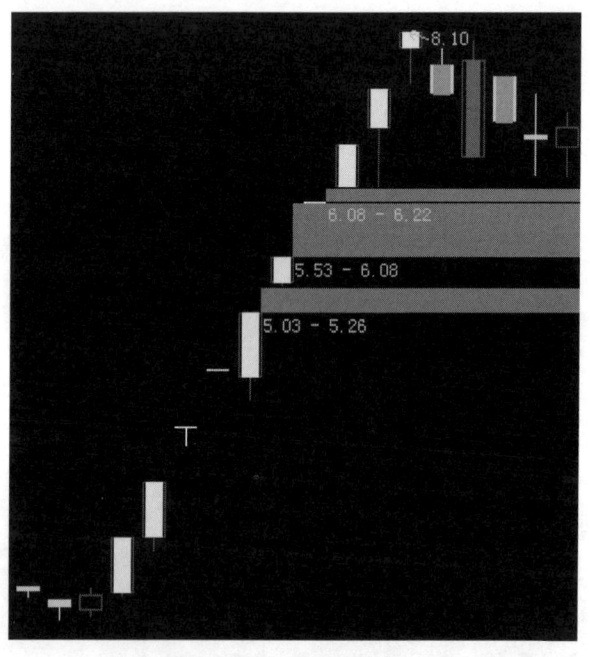

600550保变电气K线图

## 2.地方性政策

一般某个省市级政府颁布的政策，类似2019年我做的002201那一波接近翻倍的行情，源于深圳市地方性发布了利好消息。再比如上海自贸区概念。这些题材往往是对于地方经济都有震撼性的影响。

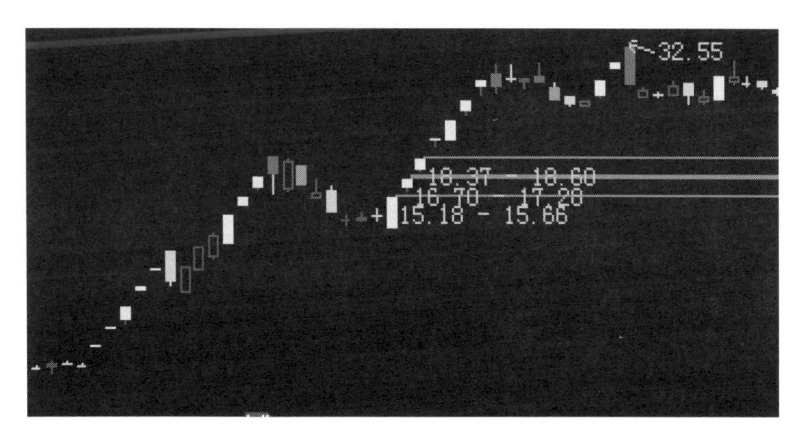

002201九鼎新材K线图

## 二、行业内的政策

新能源汽车补贴直接导致特斯拉的爆炒。2019年的工业大麻概念，这是空前绝后的政策，还有氢能源消息的发酵，5G的诞生与应用，等等。这种题材往往带有颠覆性，是以往不曾有的政策。

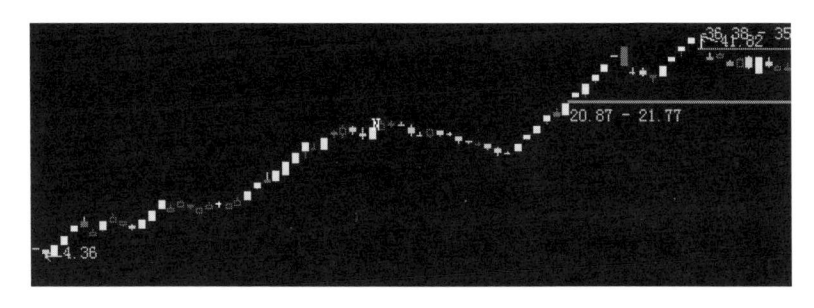

600776东方通信，久违的10倍大牛股，源于5G这个大题材的炒作。

以上几点政策性的题材，重点要理解行业性的，因为行业性的几乎每个礼拜都有消息出来，这些题材里边大大小小有很多种，一定要挑大的看。

那么什么是大的呢？

所谓大，首先是刺激行业内的经济状况；其实就是该题材对行业的影响。越长远的越好，越前无古人的越好。

再讲得彻底一点，就是从0到1，从无到有，以前没有，现在这个事出来了，有了，就是大的。越是大的题材，越能吸引资金的关注。短线资金每天都在思考去哪里出击，这个时候类似久旱逢甘霖，资金的发泄会非常壮观。

而这种题材的发动一般用下图来展示比较直观。

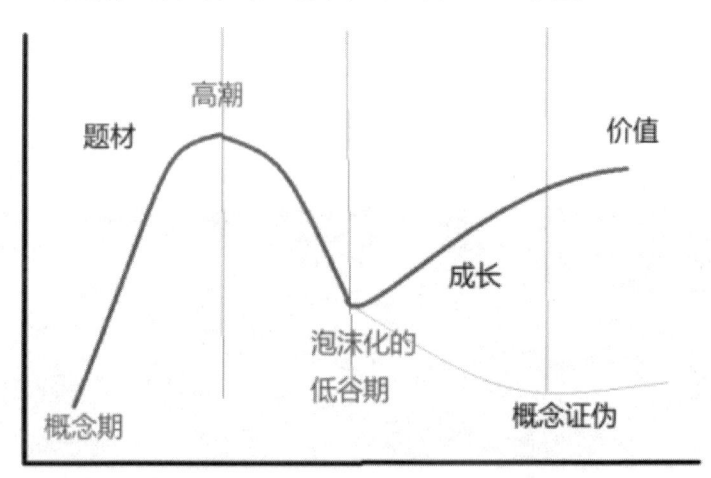

[图：题材发动曲线，标注有"题材""高潮""价值""成长""泡沫化的低谷期""概念证伪""概念期"]

首先是一个技术刚出现，还没有产品成型，市场上的短线资金先炒作一波。这个阶段的特点是，不要看市盈率，先透支未来，涨上去再说。随后，技术和行业继续发展，产品应用，量产，这类的科技股可能转化为成长股，这个阶段就是机构重点做的，也是游资和机构共振最好的阶段。最后就是变为价值股了，最典型的就是格力电器和苹果。他们最开始都是科技股，现在已经变成了消费股、白马股、价值股，这是行业周期的演变。如果这个产品这个技术不能产生实际的产品或者应用，那么就会继续跌下去。题材一旦被证伪，就没有存在的意义了。

所以我2019年疯狂做5G的个股炒作，但2020年就很少了，因为很多概念产品已经开始陆续生产。短线的投机机会自然在这个过程中消失。产品开始大规模应用的时候，股票便是看估值，看市场占有率的时候，所以我反复和周围的朋友说，手里有5G的，公司基本面没问题的，可以波段持有，而短线就算了。相反，2020年特斯拉题材内的个股，一有机会，我便疯狂炒作，为什么？因为特斯拉没有实现完全国产化，什么时候实现全部零件国产化之后，我就不再做特斯拉的短线了。这就是内在逻辑。

**三、突发性题材**

这个很好理解，疫情突然出现，利好什么？第一就是医药，第二是口罩，但是医药没有特效药，所以市场不炒它们，而口罩人人需要，所以大家疯狂炒口罩。口罩的大妖股大家应该都非常熟悉，002838道恩股份，整体涨幅高达300%。

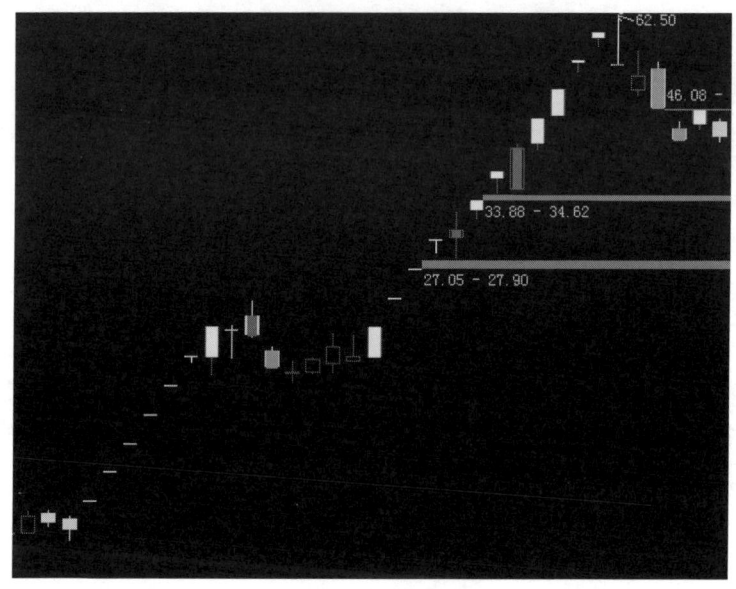

002838道恩股份K线图

突发事件包括奥运会、地震、战争、重大流行性疾病等。重大事件对国家、社会的影响越广泛、越深远，在资本市场的反应越大。从大了说，美国就是因为两次世界大战而崛起的，而美股也在这两次世界大战中有所突破。大家应该都看过《股票大作手回忆录》吧，利弗莫尔翻身的一战，伯利恒钢铁之战，就是因为"一战"让钢铁大涨，利弗莫尔又抓住了钢铁的龙头，再次崛起。2008年的奥运和2009年的禽流感也是重大事件的代表，莱茵生物就是我反复研究的流感龙头股，从它的启动到为什么涨都有研究过。2020年的新冠肺炎也是如此，从规律的角度，从最开始的确诊人数就可以推断，这个时间可能影响很广。所以我就按照莱茵生物的逻辑从可能的药剂入手，根据盘面选择，在年前最后一个交易日出手了600513联环药业。

最后就是业绩类的，其实业绩类包括两个方面：第一个方面是公司业绩好转，公司生产的产品涨价利好业绩；第二个方面是某公司生产的商品要大卖了，最后还是利好业绩，这时候，你反应要快，要在很多人没反应过来的时候上车，不要等全世界都明白过来了再来，这个时候就是卖点了。

很早之前就认识我的人，想必都还记得我做电影类股票很厉害，每次几乎哪个电影能不能爆，我不用提前看就知道。例如《我不是药神》，当时带着很多人赚了40多个点，后边的《哪吒之魔童降世》也是赚了几十个点，长线接近翻倍。这个有点题外话了，可能我天生就比较懂电影吧，看个海报基本就能知道它火不火。但是你要记住，电影这个东西，如果你能提前判断它能火，就在低位买，等上映的头一天，就直接卖掉股票，往往这个时候已经涨了很多，那些去影院看了电影觉得好的人，再来买股票，就是我的接盘侠，我的货全给他们，希望我的读者朋友们能留意这种情况，不要做最后的接盘侠。

一定要在这些影响业绩的事情刚开始的时候就买，确定业绩的时候就卖。

## 第三节　什么是大题材

一个大的题材能够激发人们的情绪，带动人们的炒作热情，具有很好的延续性和套利空间，是我们需要重点关注的。那什么是大的题材呢？我认为主要从三个方面去考虑：第一个是影响力。影响力越大，影响得越深远，影响的人群越广，题材的级别就越高。比较典型的有政策性题材、突发事件等。第二个是想象力。题材越新颖，越具有想象力，市场潜在的空间越大，就越容易炒作。比较典型的有科技类题材、资产重组。第三个是容纳性。这个题材的个股不要太少，至少要10只以上，才能有炒作空间，资金才更方便进出，才容易成为大资金战场。其中，我认为最重要的还是影响力。因为想象力、容纳性等都可以理解为影响力。

### 一、要点总结

1.题材是牛股诞生的温床，是我们研究牛股的关键点。业绩和价值本身就是一种题材。

2.投资大师都是挖掘题材的高手。

3.题材分为价值型题材和价格型题材，或业绩预期型题材和价格预期型题材。

4.做题材不限短线和波段。

5.短线做题材的16字方针：抓大放小、喜新厌旧、舍妄归真、汰弱留强。总结为只做主流。

6.做题材，必须要掌握利润兑现点，否则，净值容易过山车。

## 第四节　题材是否有失效的时候

理解了题材的重要性，接下来思考题材的有效性。事物总是有两面性，凡事要辩证地看待，既然题材可以刺激个股上涨，那么是否会有失效的时候，导致题材个股不能正常上涨。要搞清楚题材的实质性和逻辑性，不要见了题材，就疯魔了一样钻进去。好马配好鞍，好的题材也要有好的行情配合。

## 第五节　题材与时机的简单把握

做短线的朋友都很重视"时机"二字。所谓时机，其实就是现在市场能不能正常做的。时机和题材一定是相辅相成的，单独某一个出现是很难刺激市场短线股连续大涨的。

比如说最近的这段大盘走势。

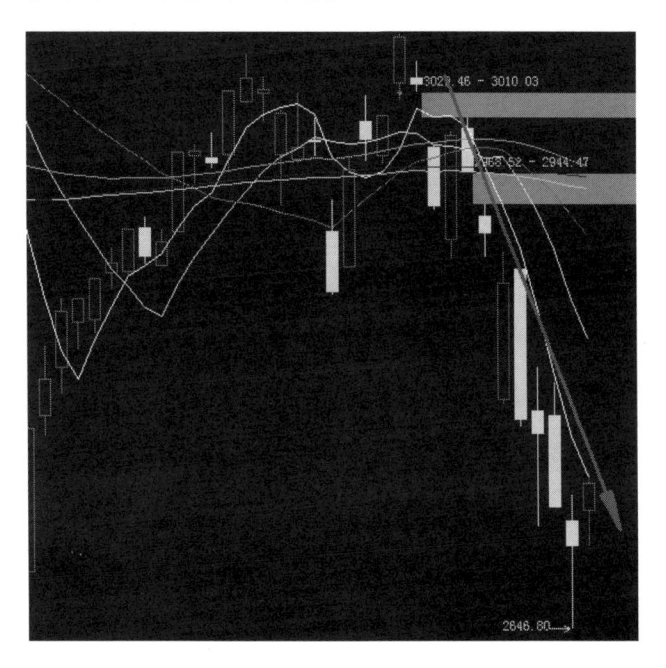

这段空头不断砸盘的走势源于疫情在境外暴发的严重性，

导致A股也不能幸免于难。这个时候，任何的题材都是很难出现大的连续上涨行情的。比如说2020年3月13日、16日，那两天，国家释放了土地改革的政策，这个政策的力度是史无前例的。但是我们看当时的龙头股后续表现，却与一些专家预想的不一样。

当时，土地改革龙头是600555。

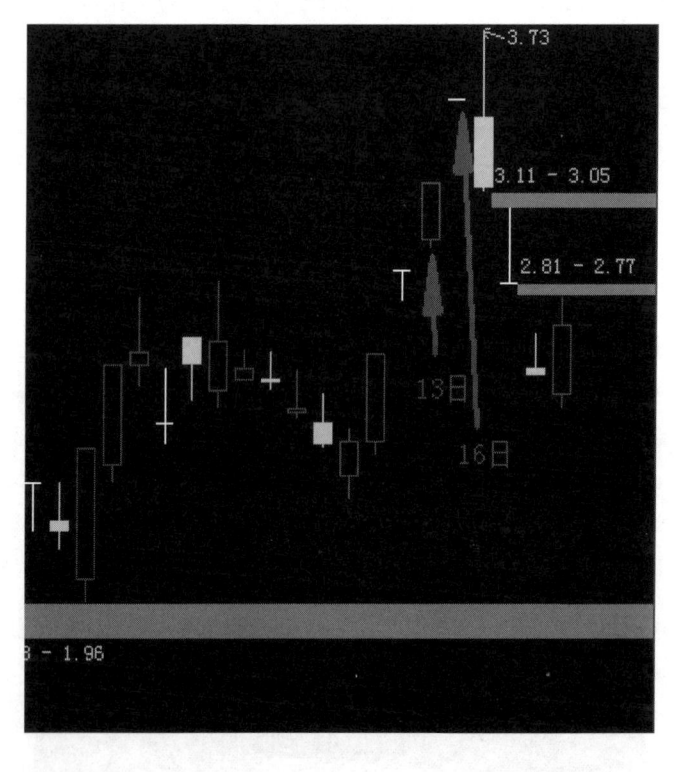

600555海航创新在2020年3月13日、16日连续上涨，但是在3月17日开盘冲高后，开始大幅下跌。

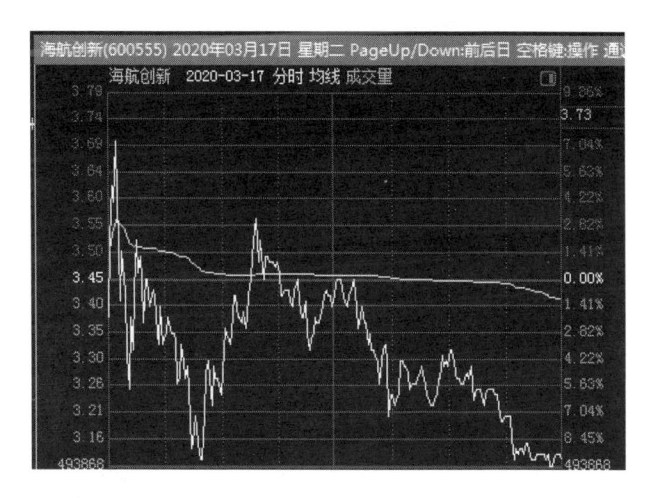

这个时候的大盘指数是怎么样呢?

上证指数2020年3月13日走出一个日内反弹。但3月16日马上下跌,阴包阳。市场的趋势依然往下。这个时候,该题材有了一点生不逢时的意思。所以在这之后,600555只能补跌下杀。

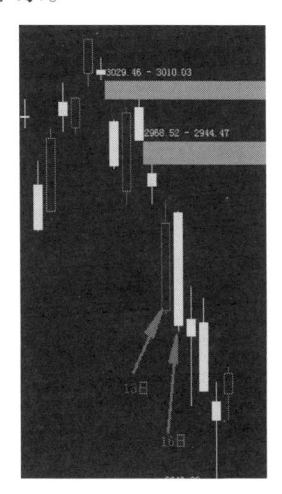

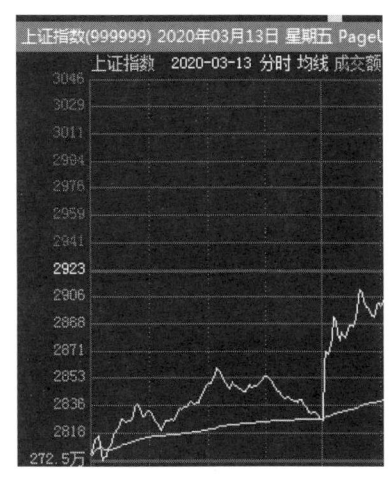

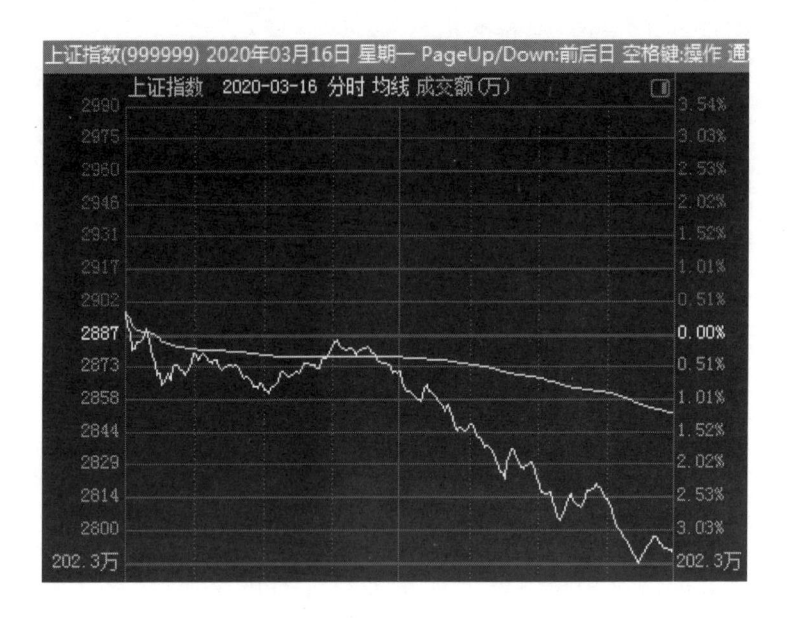

所以，不要觉得有了大题材，就一定可以上涨，如果市场是这种极端下跌的时候，这个题材也难有表现。英雄无用武之处也不过如此。

## 第五章　龙头战法详解

职业炒股这么些年，做得最爽的股票一共有两只，一只是2015年上半年的002752昇兴股份，另一只是2015年下半年的000025特立A。002752给我带来了将近4倍的利润，000025给我整体带来了2倍的利润。这些个股带来的收益，我叫它超常规收益。对我个人来说，还有一种收益，叫作常规操作。熟悉我的朋友应该对这句话已经耳熟能详了。但是如果你热心参加一些投资论坛，或者一些围绕投资的酒局，席间总会有一些做股票的所谓大佬侃侃而谈，各种政策面、经济面、海外国内时局、未来宏观微观的各种论调。如果此时他旁边放了一台电脑，我相信他能立马做出一套漂亮的PPT。就像某大佬给他的投资者做的一样漂亮。至于能不能赚钱，那是另外一回事了。

对于这些学院派的投资人来说，你和他交流龙头股是讲不通的，如果这个酒席分两桌，一桌是游资，一桌是学院派。如果我转头和游资交流龙头，他们也不会听。因为他们根本不会参加这种局。也就我这种学院出身,但走了游资的路,碍于情面才会参加。

说实话,挺尴尬的。

## 第一节　龙头战法原理

通过这么多年与很多短线高手的交流，我可以负责任地告诉你们：龙头战法是这个市场最暴利的赚钱方法，我不接受任何反驳。我见过无数从小资金一路做到上千万的人。2019年的时候，我们圈子有一次小的聚会，来的除了我们几个组织者，清一色的是90后，全部都是做龙头股起来的小伙子。和他们细聊之后，每个人都有一生难忘的某只股票，往往都是这些个股给他们带来了意外收获后，他们突然顿悟龙头战法的奥秘，之后认真执行自己总结的理论体系，一步步做大做强的。但是不得奥秘的人要比成功上岸悟道求真的人多得多。用"数不胜数"来形容一点也不夸张。这一章，我将认真地、严谨地向大家诠释龙头战法的各个细节。我相信我能成功，你们也能成功。不要再被乱七八糟的东西误导了，脚踏实地地做几个龙头股试一试吧！

通常情况下，一部电视剧只有一首主题曲，一个公司只有一个大股东，一场战争只能有一方最终获胜。体育比赛人们只会记得第一名，你们想一下，和刘翔同时参赛的亚军、季军分别是谁，我估计大多数人是不知道的。再问你们喜欢的电视剧主题曲是怎么唱的，你可以不会唱，也可以不知道歌词，但是只要在路上听到这首歌，你的第一反应一定就是这部电视剧。不可能在听到西游记的主题曲时，你的大脑想到的是鲁智深倒拔垂柳。当年我做电商的时候，在2010年淘宝推出了直通车这个广告营销渠道。当时很多人都不明白这是什么，很多行业内的人都认为这是骗广告费的东西。如果在没有尝试的情况下就下此结论，那就是傻。当时直通车可以说是阿里巴巴搞的一次大规模送钱活动。具体流程是这样的，如果你想让你的产品增加曝光度，那么你就花钱购买关键词。比如说你的产品是茶叶，那么你把"茶叶"这个词的第一名买下来，当用户通过淘宝搜索茶叶的时候，你就出现在了第一名的位置。以此类推，你卖什么产品，就买什么词。由于当时很多人都不看好这个推广方法，导致了一个很有意思的局面。1个关键词的购买费用竟然只需要1分钱，10个点击量才只需要1毛钱。100个1元钱。如果100个人里边有1个人产生购买意愿，刨除各种成本，你怎么算都是赚钱的。最有意思的是后边这个事情，由于没有人尝试使用直通车来推广产品，淘宝后台搞了一个允许商家想买什么词就买什么词。从开始的不限量到后来的限制几万、几千个词。还是拿茶叶举例子，商家做茶叶销售，买来"茶叶"这个词。同时买了很多和茶叶无关的词，比方说绣花针、T恤衫、牛仔裤。看起来风马牛不相及。但是就是这种操作，导致我们的流量特别大，成本却异常低，圈内把这一年称作"躺着数钱的最好年代"。

为什么会这样呢？

这要从消费者的角度去看待这个问题，消费者需要什么东西，他搜索这个词，出现的第一名是第一个映入眼帘的产品。那个年代竞争本不激烈。消费者往往看了几眼之后，就不再看第二名、第三名的产品。于是，第一名便成了这个产品的龙头产品。由于它常年待在第一名的位置，客户点击后，转化率一直不错，形成了长期的正反馈，商家不赚钱都难。这就是第一名的好处。

龙头股就是这样，龙头股之所以可以一直涨，一定是在某个细节上优先同板块，同题材内的其他股票，在羊群效应的示范下。这种现象叫作龙头溢价，资金会无脑地注入其中，直到死亡。

反映的是八二法则，赢家通吃的规律。

通过这些例子，我估计你应该可以大体明白这里边的内在逻辑了，在板块运动中，经常是龙头股上涨50%，龙二上涨30%，龙三上涨15%等。

这样的赢家通吃的规律同样蕴藏着对我们人生极为有用的方法论：我们要把80%的时间放在对我们最有用的事情和人身

上。反映在股市上，我们不需要研究大部分股票，我们只需要盯住每个阶段表现最强的前十只、前五只、前三只。反映在兵法上，就是集中兵力。反映在心法上，就是专注。龙头战法的逻辑就是普遍存在人类社会和自然社会的80比20法则。

## 第二节　龙头的产生过程

前边的文章我讲过人性弱点，一只股票不论涨得多高，跌得多惨，都是资金的推动作用，资金的背后是人性的趋利避害造成的结果。既然是人性导致的结果，那么就不可能有人从一开始就知道龙头是谁。龙头是走出来的！

要抓住龙头股，只能按照龙头运行的规律去试错，比如跟随、总结、纠正，最后做到龙头股。同样的道理，市场和行情也不可能准确预测到，只能是根据现有情况和经验来大体地进行判断。

但是在现实生活中，你总会遇到那么几个"办公室股神"。有一天你去上班，刚坐下，你对面的大姐就和你说咱们公司谁谁做股票赚了多少钱，买了什么股，很厉害云云。声情并茂，好像是这大姐赚了一样，当你遇到这个股神的时候，对方一定会故作神秘地跟你说："小×啊，平时除了工作，还要多关心下国家大事，你看我这次，就抓到了×××股，好几万。有时间不要总是自己独来独往，多和我们这些老同志走动走动，不会让你吃亏的，这样吧，晚上你做东，咱们一起吃个饭,我好好给你讲讲……"只要你办公室里有这种人,基本都是类似的对话。可事实呢?事实是他自己都不知道自己为什么赚钱,对他来说,这只是撞大运而已。但是凭运气赚的,一定会凭本事亏回去,这就是幸存者偏差。把好运当作硬实力,无知!

如果你也有过运气好赚钱的经历,现在读到这里,重新做一个新的认知还不晚,看清市场,掌握交易的本质才是最重要的。

有了这个认知,思想上就不要想着去凭运气做股票,把注意力集中到市场内部走势的规律上来,思考和研究龙头的大体规律,定制好属于自己的交易策略。

龙头股一定是从连板开始的,一般情况下,是从二板、三板开始的。一板是看不出来谁是真龙头的。而什么样的二板最有潜力?龙头股与板块的强势与持续性有很大的关联,所以大题材,牛一点的题材的二板股是重点关注的目标。同样这个时候还要结合时机,市场处于一个向上的趋势,题材又比较不错,自然是市场情绪共振的好时候,这样是不是就把简单的规律总结出来了。思路清晰了,交易计划自然也是清晰的。

所以你要明白龙头股是走出来的内在逻辑,明白了这个逻辑,自然就明白了为什么要从二板、三板等来寻找龙头股,而不是像你以前做股票那样,盯着某一个技术指标来做股票,盯着什么所谓的突破压力位来做股票，更不要去听那些幸存者的言论，他自己都不信。

所以，龙头股的选择和操作一定要跟随市场，由市场帮你选择，这是短线交易的核心，我经常在朋友圈分享完我第二天的目标股之后，还会加上一句，其他的第二天随盘而动。什么是随盘而动，就是说，我们可能是错的，有了计划后，第二天看市场怎么选择，然后经过及时纠正后，再上车抓龙头股也不迟。

同理，对于大盘指数也是一样的分析，虽然疫情暴发之前，我就预判了美股的走势，但是这都是有内在逻辑的。一切皆有定数，但在这定数中，我们只需要跟随。

## 第三节　如何通过跟随来选龙头——板块分析1

**一、掌握板块运动规律的三大好处**

2019年，青岛的主城区平均房价是下跌的，但是在主城区之外的胶州一带，个别楼盘走出了接近翻倍的走势，原因是很早之前，青岛主城区开始了限购政策，资金在这里不能产生利润，后从主城区流动到了主城区之外的胶州市，而青岛以外的几个市区的资金在当地发现没有好的楼盘时，集齐出现在了胶州地区（之前胶州有很大的购买力来自临沂市）。楼价是否上涨，取决于当地的购买力能不能持续往上。资金在一个地区流通不畅的时候，会去另外一个地区。放在股票市场上的现象是，某一个板块不能上涨，资金从这个板块出来后，会来到另外一个板块，导致这个新的资金介入的板块持续上涨。这也就是为什么有时候大盘当天是下跌的。但是这一天你会发现，有那么几个板块是逆势上涨的。

王侯将相宁有种乎？得了吧，谁有话语权，谁说了算。

这些结构性的差异就能够显现出非常多的机会，不光是可以用在炒股上，它对我们创业，或者找工作都有非常好的指导意义。现在有很多企业想搞一个类似微信一样的工具，但最后都消失不见了。微信的用户已经饱和和产生黏性，你再怎么折腾都难。除非产生弯道超车，如钉钉通过在线教育夺得一部分市场份额那样。

所以说，选择跑道比什么都重要，有时候从一开始就注定了结局。

我们回过头说股市，正是因为有了这种结构性的差异，有人就能在熊市中一年赚10倍，同时，这种差异也是众多高手超越牛熊的依据。如果我们不能抓住结构性的差异化带来的机会，就很难超越市场的平均收益率。而板块运行的规律就能帮助我们及时地进行判断，并抓住这样的机会。

学好板块运行规律对我们有很多好处。

第一个好处：我们判断市场的能力和格局会得到大幅提高，从板块上传递的信息是一个非常关键的指标，它能够帮助我们分析大盘氛围好不好，判断个股有没有机会，还有风险水平怎么样。

第二个好处：可以帮助我们掌握板块作战的思路。可以这样说，板块轮动是A股最显著的特征，那么板块轮动规律呢？它是A股市场的根本规律之一。掌握了这个规律，就能够很好地理解和学会大资金操作思路。

第三个好处：它可以迅速地帮助我们发现龙头、做好龙头,并且更会对龙头战法有根本性的理解。

## 二、什么是板块

多只股票因为同一个消息题材或其他原因集齐上涨,其中包括多只涨停股,并且这些股票某一只上涨可以带动其他个股上涨,产生多只股票的共振联动。我们将其统称为××板块。

这些个股可以是因为一个重大消息,也可以是因为同属一个行业,也可以是同一个地区,比如说前几天炒作的武汉板块,甚至是名字比较接近,类似之前炒作的东方系,名字里边带"东方"二字的个股全部无脑涨停。就像人一样,人以群分,物以类聚。医生和医生见面会有共同话题,同一个体育运动的爱好者在一起会有共同话题,喜欢健身的人在一起也会聊一聊怎么吃怎么练。没有听说喜欢健身的人天天聚一起聊相声的。也没有听说过德云社的粉丝聚一起天天聊健身的。人类的这种特性同时也强烈地反映在股票市场上,股票的变化还是人心的变化,股市只不过是人性的镜子。板块存在最重要的心理学依据就是人是群体性动物。

一个板块内部的个股之间的涨跌一定要有,且明显是联动性的,如果不是的话,就构不成板块行为。

龙头股是从盘面板块运动的角度定义的,一般我们把板块运动过程中率先涨停,涨停之后还能带动相同板块个股大涨甚至涨停,并且最终涨幅最大的股票,叫作龙头股。大多数情况下，龙头股就是板块内第一只涨停的个股，或者涨得最高的那只个股。比如说其他个股都是一板，某只股票是二板，那它很可能就是这个板块的龙头。这就是"身高优势"。

同样地紧跟龙头涨停的第二只股票，叫作龙二，第三个涨停的，叫作龙三。而如果板块中流通盘最大的某只个股也能涨停，我们叫它中军。一般这只股的业绩会非常好。

**三、板块的强度划分**

第一，如果一个板块内涨停的个股在3~5只，那么此时板块的力度属于一般情况。

第二，如果一个板块内涨停的个股在5~10只，那么板块可以称作强势板块。

第三，如果板块内个股涨停超过10只，甚至20只，那么这个板块就是最热最强的板块。但这种板块存在一个风险，那就是物极必反的情况，过热的东西很有可能戛然而止。

如果一个板块的涨停原因是当时市场上最强大的话题，那么很有可能变成主流题材板块。接下来的行情大概率将由这个板块展开，其他题材板块属于它的跟风板块，一切走势以主流板块的脸色行事。主流板块变脸的时候，跟风板块可能独木难支。后边，我会单独拿出一章来讲解主流板块。

## 第四节　如何通过跟随来选龙头——板块分析2

板块的强弱与持续性强弱分析。

强与弱是做股票一个很重要的衡量标准。一个板块也好，题材也好，个股也好，自然是越强越好，如果出现弱的迹象，就有可能随时彻底转弱后失败。板块的强弱也是这样的结果。判断强弱的标准，我个人分为几种。

第一种，涨停数量的多少。上一节内容中简单讲过这个条件，一个板块内涨停的个股越多，这个板块多数情况下越强。如果一个消息出来，一个板块内只有零星那么一两个个股涨停，说明市场上的资金对这个板块的关注度并不高，资金介入的意愿不够强烈，那么这个板块当天是比较弱的，但是如果第二天，这个题材消息经过一晚上的酝酿与发散，资金认识到这个题材的重要性后，板块在第二天开盘后涨停数量开始陆续加强变多，那就说明这个板块开始慢慢地走强了。

第二种，板块内的联动性，越是紧密的，越是团结的，对手越是不能轻易地战胜。

如果题材不错，资金对于这个题材个股的积极性就会很高。在某个时间段内形成合力,一起推进这个板块个股的前进,使之可以战胜当天其他的题材板块,成为当天的花魁。具体表现为一般是龙头股在某一分钟涨停,龙二在之后的几分钟内涨停,龙三在龙二涨停后的几分钟内涨停。以此类推,龙四、龙五、龙六,挨个往后排,时间上紧跟前边一只个股的涨停时间,这就是紧密性。如果龙头在9点35分涨停,龙二在14点50分涨停,那这个板块就不够紧密,板块的力度将大打折扣,这就是弱了。

第三种,第二天的表现。在上一个交易日,一个板块因为某个消息而集体涨停后,第二天开盘后,板块内个股集合竞价的时候就是绿盘占多数,开盘后不能积极往上攻击。这个时候就是弱,之所以发生这种情况,一般有两个原因:第一,资金经过一晚上的思考后,不再认可这个板块,场外资金不愿意介入其中,场内资金急于出场,导致踩踏。第二,市场出现了某一个新的题材,在开盘后抢夺了之前板块的市场地位。资金更喜欢这个新题材板块。

相反,如果开盘时整个板块均表现不错,红盘居多,高开个股居多,这个板块的力度就是强,盘中可以考虑介入龙头个股。

第四种,板块没有抢龙头的现象,以上三种情况都比较好理解,唯独抢龙头可能有些朋友不能理解。龙头不是只有一个吗？怎么还有抢龙头的情况。说实话，抢龙头是我最不喜欢的情况，不仅不喜欢，我还感觉到无比恶心。这里重点说一说这种情况。

　　一个板块因为一个消息出现涨停的时候，龙头股占据了板块地位，但是第二天，在开盘后，它被其他个股抢去了风头，导致它当天不能继续涨停，这就是抢龙头的现象。出现这种情况，一般说明市场不够认可这个题材，逻辑上并没有过于强大的支撑。或者资金通过重新思考后，选定了后者来做龙头，抛弃了前者。这就好比新领导刚上任，屁股还没坐热，就被后边的人一脚踢开，退居二线。旁边的人做了领导，这种情况对于老领导来说，对于公司来说，都是不团结的表现，窝里斗是不可能把企业做大的。

　　通过以上四点来综合判断，基本可以确定板块的强弱。

## 第五节　如何通过跟随来选龙头——板块分析3

### 一、板块的驱动力

我们来聊一聊板块运动背后的驱动力，概括起来，板块运动背后有四种驱动力，也就代表四种题材。关于题材，我们在前边的章节讲得较为详细，为了使读者加深理解，这里我再总结一下。

第一个驱动力是国家政策。大A股从一开始就是政策的产物，加上目前发展阶段股市的供需矛盾、结构矛盾以及市场参与者的不成熟等原因，使政府加强了对股票市场的监管和调控，这是政策对股市的又一大影响。当然，最根本的、也是影响深远的，就是我们的政府掌握着中国社会80%以上的资源，这些资源不但决定着我们的生活，也决定了很多上市公司的兴衰。比如产业政策、区域经济政策等。可以这样说，过去，我们A股60%以上的板块行情是由政策推动的。

第二个驱动力是科技进步。科技改变生活已经成为我们的常识，科技变革更是影响所有行业及其上市公司命运的最重要因素。如果我们看一看美国股市近一百年的历史，就知道，那些大的板块行情都是由代表先进生产力的科技催生的。比如19世纪末期20世纪初，钢铁、铁路板块；20世纪50年代末60年代初期，航空宇航概念股；还有后来的生物制药板块，90年代末期的互联网板块等。这些都是因为科技的进步变革而带来的板块行情。

第三个驱动力是公司自身的运行状况。上市公司的运营情况与股价往往有着紧密的联系，比如业绩、高送转、重组、大股东变更、新产品爆发等情况，会对板块的运行产生不小的影响。这种影响多表现为异军突起即一只股票大涨，带动板块其他个股尾随的走势，就是我们前面提到的倒金字塔的运行模式。

第四个驱动力是重大事件。股市的精彩之处就是这个世界永远有新的事情发生。有时会发生一些不可预知的大事件，这些大事件往往会改变很多公司、行业的利益格局。这时候也会催生板块性的行情。

还有一些板块轮动的基本常识，了解它们，对我们的日常操作也是有很大好处的。这里简单介绍一下蓝筹与成长股题材股之间的轮动、小盘股与大盘股之间的轮动、低价股与高价股之间的轮动、周期性行业与非周期性行业之间的轮动。

让我们记住下面的常识：

1.短线爆发力最强的几乎全部是题材股。

2.题材股萧条时，可关注蓝筹股。应该形成这样的条件反射。

3.周期性股在经济环境差时表现得很一般，熊市时应多看一看非周期性行业的股票。如白酒、医药、家电等。经济好转时，周期性股票的爆发力也很惊人，如水泥、有色金属等。

如果对这种节奏把握好的话，就算牛熊全天候满仓，也不会产生大的风险，相反利润就比较出色了。初学者必须精通这里面的轮动规律，方能效法，否则，风险不可估量。

最后我们来梳理一下板块规律这节课的知识点：

5-6 龙头运作的几个具体过程详解

| | |
|---|---|
| 知识点1 | 板块的形成是人类从众跟风天性在股市里的反映，也是类比思维和结社集群行为在市场的呈现 |
| 知识点2 | 龙头的作用相当于一个群体的灵魂。龙头是有溢价的，就像一个群体里一把手获取的资源可能比其他人的总和还要多 |
| 知识点3 | 板块运动往往受板块背后的题材影响，如政策、科技、事件等 |
| 知识点4 | 板块运动的结构一般有三种：金字塔、倒金字塔、存量博弈 |
| 知识点5 | 换龙头不成功，则意味着风险。龙头大概率是最后一个倒下的 |
| 知识点6 | 股市的规律有三：一是强者恒强；二是传递效应；三是：物极必反 |

通过对板块和题材的理解，大多数人已经对龙头股有了一个初步的理解。总结下来，过程如下：先有题材→刺激板块→人心所向→龙头诞生。不论市场怎么变换、题材的故事讲得多

漂亮，放到盘面中，放到市场中，它的整体运作过程99%就是这样。

好比你每天早晨起床去单位上班，不论用什么交通工具，不论路上发生什么，迟到也好，早到也罢，你终归都是从家里到公司这么一个大体的流程。

**二、具体分解**

第一，关注题材或者消息的大小、强弱，通过力度和想象力，找出盘面中对应的板块。如果有多个题材，在多个题材中进行严谨的对比与分析，思考哪个题材对未来个股以及行业的影响会大一些、强一些，哪个是最新的、以往没有出现过的。

第二，关注盘面板块的变化，关注板块是如何涨停的、涨停力度如何、是否集体高涨的状态。这是衡量一个题材力度大小最直观的表现，根据板块分析的方法来做最基本的判断。当板块出现最强状态的时候，持续关注。

第三，确定龙头，确定了题材，确定了板块之后，剩下的就是最简单的——确定龙头。龙头就是那个能带动板块上攻的个股，率先涨停的个股，这就用到了之前对龙头股的分析里边讲的东西。如果读到这里，你依然不能很好地把握这些内容，别担心，后边的文章中还会反复提到。耐心一点，一定可以学会。

第四，随机而动。首先，观察市场处在一个什么样的环境下，是现在出现市场暴跌的时候，还是震荡的时候，只要不是暴跌的时候，就可以放心大胆地做龙头。其次，观察盘中板块的持续性、有没有前赴后继的板块内个股跟着上板、盘中有没有其他的板块消息出来搅局、开盘时整个板块的开盘表现是怎么样的。

## 第六节　妖股的认知——认识板块龙与市场总龙头

逆势出妖股，大妖来自迷茫。大妖股相对于龙头股来说，非常稀少，每年也就那么3~5只。但是大妖股的涨幅往往是多只龙头股相加都达不到的。龙头股相对妖股而言，更加普遍一些。

妖股与龙头股的区别之一是，妖股往往由龙头股诞生，之后摆脱板块，特立独行。龙头股在板块或者题材疲软时与板块同时退去。龙头股更大的特性是领涨的能力大一些。

所以不是连续涨停的就叫龙头股，能带领板块、其他个股、团队作战的个股，对整个市场有一定影响力的个股，才算严格意义上的龙头股。

而对于妖股，其是纯粹资金炒作的产物，它独立于市场板块与题材，不受它们影响和控制。纯粹由市场上的资金强手主导，以击鼓传花的方式传导，它更像是江湖里的独行侠，不受任何帮派约束。

那么什么是逆势除妖股呢？

所谓逆势，就是市场极度恶化的时候，市场上什么题材都不能出来连续涨停的龙头股。但是部分资金又耐不住寂寞。这时，众多资金在某一天开始轮流"照顾"某只个股，激活了这只个股的股性后，引导场外资金无脑介入，从而形成这一只个股的合力。

但是这只个股一定是产生于极度压抑之后，因为它是短线资金群体在极度压抑后才能形成的一道独特的风景线。只有市场在极其恶劣的阶段，也就是市场大跌后的相对底部区域，才可以出现这种个股。所谓否极泰来就是如此。

所以，妖股是短线资金群体炒作的产物，它是短线资金情绪宣泄的标的，它和个股的题材、行业、未来前景没有一毛钱的关系。它反映的是短线资金短期炒作的行为。分析妖股绝不能从估值的角度去思考其存在的正确性，它是没有投资价值的。短线资金撤退后，它自己也将回归到"一毛钱"都不值的地位。

## 第七节　什么是赚钱效应和亏钱效应

通过对妖股的讲解，很多人产生了疑问：什么是赚钱效应？什么是亏钱效应？

股票炒作是有规律的，这个规律简单地说，就是赚钱效应和亏钱效应，它们的不同表现形成了市场合力。往上发力，还是往下发力？

对于短线资金而言，时机是和题材一样重要的东西，好的机会不是天天有的，每周可能有那么一两次。龙头股亦是如此。对于短线资金来说，做股票讲究的是快进快出，那么无非是赚钱走还是亏钱走。赚钱效应通常分为以下阶段：题材出现→龙头诞生→龙头带领板块突围→板块带领市场突围。相反，亏钱效应出现在龙头下跌、板块下跌、市场下跌的时候。如果你在亏钱效应阶段不停地操作，那你亏钱的概率就大于赚钱的概率。

赚钱效应的产生和短线交易其实是一个共振关系，龙头股就是这个共振的产物，它承担了非常大的责任。但是龙头带领市场上涨时，板块也在刺激龙头继续上涨，形成互相助力的表现。所以，一个合格的交易选手，应该在第一时间介入到龙头中，享受板块和市场带来的溢价。

## 第八节　龙头各板块涨停的解读

做龙头的核心是什么？前文讲过，时机与题材促成了龙头的出现，合力与情绪促成了龙头的高度。逐条细分后，你会发现，它们对应不同时期不同的涨停板。接下来这一节，我会逐条拆分其中的奥秘。

时机，审时度势。对于龙头来说，时机大于题材，大家务必记住这一条，好的时机可以促成各种题材的发酵。

题材可以促成板块的诞生，时机出现后，围绕题材带着你的资金来回在里边折腾就行，折腾到龙头身上那就是高手。

### 一、首板（第一板）

什么是首板，就是个股的第一次涨停，这种涨停板难度极大，我本人是很少参与这种涨停板的。但是市场上参与这种板的人还是比较多的。

首先，第一板往往处在个股很低的位置，散户都是喜欢买低位，而不喜欢高位的，大多数散户都有畏惧高位的心理，认为个股涨得太高不安全，只有第一位才是安全的。但是很多高手都是从二板才开始参与进来，第一板更多的是用来判断分辨谁更好一点。因为第一板可以说是鱼龙混杂，什么类型的涨停、什么消息都有，之前讲过的技术板、机构趋势板，这种涨停板就是涨停一个第二天就结束，所以不可能成为大龙头，如果你执意做第一板，这种涨停板就要避而远之。其次，什么消息都可能刺激第一板的涨停，有一些真的是莫名其妙。最搞笑的就是当年奥巴马上台，A股一个叫奥玛电器的当天涨停。你见过比这种更离谱的吗？如果你见过，可以随时告诉我，也让我乐一乐。最后，之前的文章中讲过，龙头是走出来的，很多题材的第一板都是处于酝酿阶段，题材能不能成功都带有不确定性，如果一个题材出现很多第一板，第二天还有可能互相争夺龙头的位置。最重要的一点是第一板往往能参与的资金有限，游资很多时候在第一板只能参与几百万，可动用的资金太少，第二板之后经过换手，资金可以追加到千万级别。所以，第一板我本人几乎不做，很多主力资金在没有彻底分辨清楚时也不会轻易参与。

### 二、第一板的真正意义是什么

第一板真正的操作意义不是让你赚多少钱，而是"试错"。第一，如果市场处于短线亏钱效应的末期，市场处于一个否极泰来的状态。这个时候刚好出现了一个不错的题材，那么你可以轻仓参与第一板去感受这个市场能不能走出这种亏钱效应的困境。第二，市场环境处于一个赚钱效应中，这个时候怎么做都是对的，前提是这个题材要还算可以。这个时候，如果你踏空了大龙头，那么可以参与一些同板块同题材底部的第一板，跟随龙头折腾一点利润。

买首板一定要买题材刚开始前排的涨停板，前排就是板块中排在前边的个股，这类个股多在早晨涨停，分时强势，资金信心充足。后边涨停的个股就是当日的跟风股，跟风股大多数情况下是没有未来的。

**三、第二板的奥妙**

从首板之后的每一个涨停板都叫作接力板，区别是第几个涨停，我们简称为第几板。

从第二板开始，考验的就是一个职业选手的选股能力了。

第一，避开那些基金重仓的个股。因为你不知道基金会不会在第二天这个涨停板上卖掉手里的筹码。不要觉得基金的操盘手多厉害，很多人只不过是父母送进去镀金的。怎么送进去的，行业内懂的自然懂，这里不便过多阐述。

第二，重视该重视的，除题材和时机外，价格低的，市值小的，涨停时间靠前的，是比较重要的参考值。技术形态可以考虑，但不是最重要的。理论上越是突破的，形态越好，但这个条件相对前边三个，要弱化很多，我个人在操作中是从来不看这一技术面的。或者说，我做任何操作都不考虑技术面。考虑技术面的选手都是不入流的人，称不上"选手"。

二板不一定能够告诉你谁才是真正的大龙头，但是大龙头一定出现在二板之中。

在首板之后的次日阶段，集合竞价阶段就要开始观察留心题材板块内的个股，一方面，你必须观察市场整体是否在你的复盘计划之内；另一方面是观察板块内几个个股是否符合你的计划。最后还要看一看当天有没有可能出来更厉害的题材。

观察这些之后，盘面给你的信号是整个板块表现属于强势，这个时候开盘后谁先上二板，谁可能就是最好的那只个股，成为龙头的概率将是其他个股的N倍。我一般就是在这个时候打板买入。

那么谁最可能第一个上二板？在集合竞价的时候，个股的竞价表现已经可以窥探一二。

是高开，不高开往往是弱的表现，如果在9点25分后，个股的竞价图依然属于高开，那它开盘冲击涨停的概率就大于竞价阶段是低开的个股。这也是为什么在第一板的时候，我们要降低仓位来做的原因，你不可能准确地判断第二天谁才是真的能高开的个股，如果你买入的首板股第二天不能第一个进阶二板，那么就要第一时间卖出后切换过来。如果你是重仓买入的首板，稍有犹豫，可能就错过了真正的龙头股，这样一想，是不是得不偿失。

所以，做接力一定是比做第一板更有确定性的操作。因为龙头是始于二板的。二板股更容易吸引资金和情绪，主力资金更关心二板以上的接力股，这就是所谓的把钱花在刀刃上。你们可以自己去看一看每天的龙虎榜，你会发现游资在第一板往往动用的资金都不多。而在二板上以及二板以上的接力板上，动用的资金都是平平常常的千万起步。你要说股市里有智力障碍者，我承认。你要说他们是智力障碍者，我怀疑你是个智力障碍者……二板属于题材的发酵阶段，在成交量的换手上，整个板块均是逐步放量的阶段。即使参与的二板个股最终没有能走成三板，但是通过多年数据的统计，前排二板的溢价是远远大于后排跟风以及首板股的，即使最终二板个股不能连板到三板，但是第二天让你轻松赚钱出局的可能性依然是很大的。

**四、三板定龙头**

从二板到三板，一个题材板块会再次逐渐淘汰很多个股，三板能活下来的个股往往可以彻底确定是大龙头的概率更进了一个台阶。

三板个股的意义。说明题材具有了优秀的持续性，经过三天市场的洗礼，已经成功脱颖而出，资金经过三天认真的分析与判断，已经彻底被这只个股或者题材吸引，人气已经形成。三板股的出现代表此题材板块开始出现高标股走出。如果板块内出现2~3只三板股，它们在接下来的交易日中将继续竞争（多数情况下，第一个三板股已经确定了市场龙头地位）。龙头股从三板开始往后走的每一个板都是分歧转一致、一致转分歧的表现。越是往上，考验的越是资金博弈的能力，已经和题材没有直接关系。

三板是龙头股战法中一个非常关键的接力位置，可以确认题材的市场认知度与个股成功与否的关键位置。

一个题材能不能成为热点，不是一开始就可以彻底确定的，即使首板很多个股涨停，第二天也可能戛然而止，具体可以看板块分析的内容。一个题材拥有了板块效应，这是成功的第一步。但如果没有这一步，是很难成功的。它可以在这个位置吸引市场资金的注意力。市场每天轮动的热点题材非常多，不可能每天只有一个题材在折腾。直到板块出现了三板，这时候才是真的脱颖而出。

## 第九节　四五板后判断空间与市场地位

当一个题材龙头股涨到四五板的位置的时候，此时属于市场上"最靓的崽"。有句话说得好：有五必有七。

当个股走到四五板之后，将激活市场最强势的资金对市场空间的想象力。一只个股最终能不能走成大妖股，就要看它能不能超越这个位置。很多题材的龙头股在这个位置基本是消失的状态。

强势的市场不会是一个题材热点在运作，通常是多个题材在同一时期表现。如果此时某个板块的个股突破了四五板的位置，并且这个题材仍然是主流板块，那么它就有可能带领市场出击更高的高度。此时也可以介入同板块内底部的一二板。如果一个板块的龙头走到这个位置，但是它的题材力度减弱，并且市场出现更强的题材，那么它往上进攻的动能将会减少，资金可能会随时撤退到新的题材中。在操作中一定要随时关注这些基础知识点。

## 第十节　情绪的核心思考一致与分歧

当年我在私募工作的时候，我给手底下的人出过一套完整的关于一致与分歧的课程。一致与分歧可以说是所有职业选手每天都要遇到和思考的问题。

一致性就是大众普遍认可的思考，并由思考转化为了现实。放在股票上便是我们都买入了某一只股票，我们都希望这只股票明天继续涨停，场内资金都希望如此，那第二天盘面的情况很有可能就是所有的资金进行了锁仓，场内没有人卖，那个股自然就是继续涨停的一种状态。

分歧性，体现在股票中，一个股票原本涨得不错，某一天涨停后开始开板，涨停板打开后有一些资金出局。之后又有一些资金介入，然后又有资金在他们介入的时候出局，如此反复，在那一天，你会看到这只个股的分时图一会儿涨，一会儿跌，多空双发谁也不能彻底在短时间内战胜对方，造成了个股分时剧烈震荡。这就是分歧性。

谁也不服谁，谁也说不动谁，大家在同一天互道珍重。

春天里，你总会看到穿羽绒服和穿T恤的人同时出现在街上。

但是市场整体是逆人性的，"先手"资金吃"后手"资金。当所有人都看好之时，恰恰可能不是参与的最好时机。而从"分歧转一致""弱转强"的时候，才是最好的介入机会。这就是"先手"的介入时机。一致性问题和多头不死空头不止的问题类似，是这个市场操作的最核心问题。如果你能彻底想明白这个问题，那你距离大成的路又上了一个台阶。

一致与分歧不仅出现在某一个股票上，也出现在方方面面，生活中到处都是。在市场中大体出现在三个地方。整体市场、板块中、个股上。

## 一、整体市场的思考

分析市场上出现的这种情况，其实就是在分析时机的情况，也是在分析风险的出现。

我以2020年上半年疫情期间的行情来做分析和讲解。在疫情暴发初期，整个市场是连续多日调整的，上证指数在1月初的时候开始见顶，之后慢慢地跌了下来。当时的市场是一致性看空的，加上后来在过年之后疫情开始爆发，市场上悲观的情绪继续放大，加大了下跌的一致性。但是在当时，我就直接公开说过，疫情行情要起来，龙头很可能就是600513，联环药业。我就是那个逆势的资金，带有分歧思路的资金，我就是觉得这里是机会。并且在春节期间和一些朋友交流这个问题的时候，他们的普遍想法就是A股要完蛋了。但我明确地告诉他们，每一次恐慌都是机会。分歧的出现势必带着资金的介入，光说不练假把式，说到做到真英雄，买！600513顺势买入后，节后市场果然开始了一波强有力的反弹行情，后边的走势你们也能看到。这就是情绪由一致性下跌转到分歧，再由分歧转到一致性上涨。在转势的时候，会有一些强于指数的板块和个股出现，这就是"先手"。

这个关系可以从资金关系中体现出来，处于市场底部区域的资金，在心理上已经处于极度悲观的状态，当市场出现集体的看空时，场内资金会形成一个想法："套死拉倒，我等反弹。"这个时候资金的做空动能开始转变得趋弱，场外的资金看到市场跌不动的时候，开始悄悄发动某个题材测试市场上的抛压，当短线资金发现抛压很轻，并且很容易吸引其他资金一起进来炒作题材的时候，如果这时刚好这个题材看起来不错，就会吸引无数的资金陆陆续续进来折腾，你一手，我一手，大家折腾着场内的各种筹码。但是只要场内资金依然是悲观的状态，或者板块题材给人的感觉一般，那这里可能就不能轻易走出不错的行情，从而形成一种震荡的图形，今天涨一下，明天跌一下。所谓的猴市就是这样。市场看起来把所有的散户当猴子耍，市场高喊"来玩啊，小朋友"。

市场底部在震荡市的时期常常是结构性的少数板块题材的

反弹行情，机会就在分歧中产生，具有判断"先手"能力的短线好手占尽先机。这市场，聪明人一个就可以收割几万个韭菜。想变聪明吗？接着看吧。

当市场资金陆续赚钱后，会继续发动攻击，除了攻击现有的龙头股之外，还会带着自己的资金四处开花，什么题材都喜欢折腾一下，直到他们不能赚钱为止。这个时候就是从一致上涨转到分歧，再从分歧转到一致下跌的过程。伴随的盘面现象是，某一只股票明明走得不错，但是第二天突然给你一个低开，甚至跌停开盘，很多前几天追进去的资金出现了账面亏损。大多数人在出现亏损的时候，都会选择收回伸出去的手，甚至有些资金直接空仓，市场上最强势的资金开始陆续空仓的时候，就是亏钱效应最严重的时候，这个时候，你做什么都在亏，市场已经重新进入一致性下跌的思路中。

继续沿着疫情因素产生的行情讲解，这次反弹了两个多月，成交量被放到了过万亿，有一种小牛市的感觉，放在分歧一致理论上如何理解呢？刚开始的时候，市场都是少量游资和散户在一起炒作医药和口罩股，之后你们也看到了，随着行情的水涨船高，机构开始大举进场，很多科技股都是走出了翻倍的行情。然后机构的业绩开始变得亮眼，顺势产生了很多购买基金的散户。这也是为什么之前2月的时候很多基金发个十几亿的产品很快被抢购一空的原因。机构这帮操盘手拿着这些从市场基金搞来的钱，继续投入科技股，产生正反馈效应，带动市场从分歧继续走到一致性的上涨中。但是物极必反，没有一直涨的行情，也没有一直跌的行情。当一致性上涨走到极致的时候，代表着场内资金都已经满手股票了，场外又没有资金可以继续进来。这个时候就又产生了一个分歧，空方开始抛售手里的筹码，造成行情的见顶。

综上所述，总结下来就是，一致，分歧；分歧，一致，来回倒腾。资金还是那帮资金，涨跌还是那样涨跌。但总要有人买单，才可以继续玩下去。那些买单的人，我们俗称"韭菜"。

还是那句话，机会在分歧中产生，买入"先手"的资金怎么算都比"后手"资金划算。市场整体的分析大体就是这些，通过这次疫情反弹的行情来推演，我相信你已经大体明白了这其中的道道。总之，行情的涨跌，资金说了算。

二、板块与个股层面的讲解

在你们理解了分歧和一致的思路后，现在应该已经认识到这东西的重要性。市场上有句话叫作"高手买入龙头，超级高手卖出龙头"。高手在个股还没有被大多数人意识到时，提前分析判断个股或者题材形成一致的预期，及时买入。在龙头一致后意识到风险可能来临，提前在风险来临之前卖出获利了结。之后拿着手里的现金伺机而动，随时再重新杀进来。这是一种非常强的操盘能力，其实背后就是对题材和时机的把握优于多数人，但这并不难做到，经过长期的复盘积累，每个交易者都可以做到。

龙头股是一路竞争出来的，从首板到后边的接力板确定龙头地位，一路走下来。

正常情况下是通过一致，分歧，再一致，最后确定了龙头地位。这是最常见的走法。比如说最近的特斯拉板块，特斯拉的消息已经在市场上酝酿很久了，或者说好几年了，直到上海工厂开工，彻底激活了市场的做多动能。从开始的点火、发酵和酝酿到最后龙头股的连续大涨，这期间的龙头品种300160经历过多次分歧一致的来回折腾走势。

不正常的走势，或者说不常见的走势，题材突然出现，市场上板块内个股开盘全部一致，然后再分歧。比如2019年12月31日的大北农002385转基因种子的消息突然出来，这种机会就很难让我们第一时间买入"先手"。整个板块集体一字板，谁也进不去，直到板块分歧。但是这种连续一字板的涨幅很有可能一致转分歧后，直接死掉。

前边的文章中提过，龙头与板块是相辅相成的，龙头与板块的一致分歧表现几乎也是统一的。没有题材板块，就没有龙头。没有龙头持续，同样地，板块持续性也将不复存在。题材出现首板，这就是发酵初期，之后板块内开始陆续有涨停出现，这是发酵后的表现，开始酝酿一些可能要发生的事情。酝酿中会伴随着场内资金的不认可，这就是资金对板块和个股的分歧阶段。当个股和板块经历过发酵酝酿后，进入三板、四板、五板，这时候，其实板块和龙头股已经开始朝着分歧转一致的阶段迈进。聪明的资金多数会在酝酿发酵阶段买入龙头，这也是为什么我告诉你们在二板、三板的时候买入最好的原因。待市场经过思考产生一致的时候，你已经在龙头上。只要市场开始朝着一致的方向发展，你要做的就是锁仓不动，等待龙头结束后，卖出便可。四板、五板时，个股可能经历第二次分歧，这个时候如果个股依然能通过分歧转为一致，那么将很有可能成为市场大龙头。这个时候你会发现龙头股出现很多小单的买入，比如说一手、两手、十几手的买入，尤其是在涨停的时候，全是很小的单子，这些往往都是踏空的散户着急买入的表现，而场内资金则有可能随时卖给他们，甚至导致当天从涨停砸到绿盘的情况。

　　总之，一致和分歧在板块以及龙头的表现是非常重要的，一致代表了看多或看空资金的态度。一致买入做多，第二天可能出现断层，没有资金持续介入，所以一致后要思考分歧。

　　分歧代表了多空双发的互相竞争，公说公有理，婆说婆有理，谁也说不过谁，但是总有一方要获胜，这里比拼的就是你的理解力，对市场和个股题材等的理解力，分歧放量后要么失败，要么成功，强者恒强，弱者退出市场。

讲到这里，我相信很多人已经对龙头战法有了一个彻底的认知。我们从首板开始讲，再延伸到内部逻辑一致和分歧来讲，既讲了"面子"，也剖析了"里子"，从内到外的一整套逻辑基本已经全部打通。

# 第六章 格 局

心理学中有一个概念,叫解释水平,解释水平高的人更有可能有大格局。格局大的人能够看清事物的全貌,从细节着手,看到长远的发展;格局大的人把事做成的概率远超普通人。

我在做股票之前,倒腾了好几年的生意,那会儿陆陆续续接触到了很多行业内优秀的人才,有很多还是当时行业内顶尖的大佬。我发现了一个很有意思的现象:某个大佬身边总会有一群人围着他转,但是最后能和这个大佬平起平坐的只有那么一两个人,而大佬也喜欢和他们一起坐一坐。那些最后达不到坐一起标准的人,从一开始就压根儿没想过要和大佬坐一起这件事。怎么说呢,接触行业大佬的人,普遍分为两种,第一种就是单纯地想跟着大佬赚点钱,大佬吃肉我喝汤,订单分一点给我就行,所以你会发现大佬身边总会有这种人出现,对别人吆五喝六,对大佬点头哈腰。第二种是奔着学习来的,他们清楚地知道自己需要什么,钱不钱的在当下并没有那么重要,学习大佬的处事能力、经营手段,这些才是最重要的,生怕错过一分钟的机会。从这点又要延伸到职业规划了，有人工作就是想赚钱，工资越高越好，世界500强和普通工作比较，直接选工资高的。而宁愿选择低薪但留在世界500强的人，用不了几年，你会发现他的整体收入可以甩掉这些当初只想要高工资的人。人还是那个人，工作可能还是那个工作，但头顶的那片天早就变了。

这里再多说几句，如果读者中有年纪不大，刚毕业，或刚工作不久的朋友，努力去接触自己行业内的大佬吧，多学一学他们的过人之处，大佬当年也是这么走过来的，这种"阿谀奉承"不丢人，为了利益而低三下四才丢人。

## 第一节　盘面的格局

随着市场几十年的不断变化，市场内的资金越来越多，资金体量也越来越大。未来市场上的上市公司达到过万家只是时间问题。这种变化会带来的影响，一是市场中的题材会很多，单一的题材是不能彻底满足每天几千亿资金需求的。二是资金群体的增加，市场交易的方式会有多种多样的现象发生，不同资金的风格会造就不同板块的强势股，这里我定义为以后市场上的强势股可以变多，但龙头股的玩法和实际指导意义不会发生本质的变化。

无论市场怎么变换，龙头股都是不会变的。而龙头股一定是出现在主线里的。

## 第二节　主流这一块，你要拿捏得死死的

主线或主流思维在短线市场极其重要。因为主流代表了市场的最强合力，它是市场的情绪标杆。想把题材拿捏得死死的，就要让自己的思想无限接近主流题材，开阔自己的格局视野，用超常规的思路去看待题材。

什么是主流？主流就是市场上最强的合力，只要有资金进来，就能在这里赚钱，资金在这里打造最强的赚钱效应，并且能够持续地维持赚钱效应，这就是主流题材。摒弃不入流的题材，只在主流里折腾。

一个板块只维持一日的强势，是不能带来好的走势的，连续多日强势才是主流热点，围绕这个热点题材，可以延伸很多发散的小主流，还是拿疫情题材来分析。首先是疫情暴发利好医药和口罩，之后思路扩散，疫情不能造成人员流动与学习，利好在线办公和在线教育。疫情过后，经济复苏需要政策支撑，要搞新基建，这是什么？这是疫情修复行情，经济出现问题，就要修复问题，新基建又包括5G的建设、特高压、充电桩。然后这些板块又分别走出了自己的龙头股。你看，这就是

主流的魅力，它可以通过时间跨度来慢慢地走出多个龙头股。最终在盘面上形成最强的持续性，最强的赚钱效应，最强的合力和人气。

最强往往代表了最安全和最暴利。

## 第三节　什么是情绪

　　我们看一只标准的龙头股通常都是大换手上去的，成交量很足，越往上走，分歧会越大，分时线的波动也会越大。在分歧日当天的盘面可以看到，可能早盘有很多大卖单涌出来，分时线是往下走的，也走得很难看，说明多空的较量很大，分时线有时甚至走到了水下（平均之下或上日收盘价之下），成交量的换手充足后，结果后面陆续出现的大买单又把它推上涨停了，这就是情绪！

　　当日的所有大卖单不但都有承接，关键是承接差不多后，多方的决心和信心非常足，依然要把它推回涨停板，这种情绪在盘面上是很生动的。而且这种情绪和市场的氛围有很大关系。

　　一是市场的做多氛围很强，这种妖股或大龙头股的炒作情绪自然顺势而上，自然强化做多的情绪。

　　二是市场做多的氛围不错，或也没有什么利空，但是妖股或大龙头股表现不及预期，那么市场的情绪自然会转弱（该强不强就是弱）。

　　三是市场的氛围一般或不好，或监管的打压态度明确，妖股或大龙头股表现也不好，就属于在预期内，市场的情绪自然转弱。

四是市场的氛围一般或不好，或监管的打压态度明确，但是妖股或大龙头股的表现却反其道而行，这就属于超预期内，超预期说明市场压不住它，这样反而会越压越反弹，这样，情绪就会转强，被强化。

关于资金情绪的问题，其实并不复杂，但是在文字上不好表达。情绪是一个动态的东西。它有顺势的特征，也有逆反的特征。只要你的短线思路清晰，在市场的实战中应该能够很快明白和有深切的感受。

很多朋友问在参与大龙头股和妖股后，常常被洗出来，拿不住，这是什么原因？实质还是技术不精，没有从市场本身的情绪与成交量的角度去看问题，而完全是任自己贪婪与恐惧的倾向在做决定。

你一定要去感受市场氛围与盘面情绪的关系，再结合成交量去观察盘面分时线的剧烈跳动是散户的恐慌踩踏还是属于主力资金在出货，最后观察多空决斗的结果，再做出自己的决策，不要一看分时线在快速下跌，就慌了，就要急于卖出，你需要看分时下跌时带不带量。不要后面看到分时涨了，又急着要追入，你必须清楚换手够不够、情绪好不好、买盘真不真。

炒股最忌追涨杀跌，完全没有交易逻辑。

## 第七章　股票的真理

股票市场存在的意义是什么？一部分解决了企业融资困难，一部分实现了财务再分配的功能。股票市场是一个零和游戏的市场，某个代码，某段上涨，如果不能变现，那么就很难产生实质的经济效益。你赚的钱，大概率是别人亏的，你亏的钱，很可能被别人赚走了。在这场博弈中，是职业资金群体想收割短线普通散户。同时，又要回避被其他职业资金收割，为其他大资金接盘。这个博弈就存在于职业资金与职业资金之间、职业资金与普通散户之间。

要想不被收割，就要深刻理解趋利避害的重要性。

趋利避害是人类有史以来就具有的本性。而资本逐利的本质只有人类趋势避害在资本市场的反应。可以说，这种本性再过一千年也不会变。

资本市场上所有的投资决策行为，其背后都是趋利避害在指引。说得简单一点，就是所有人买与卖的行为都是为了追求利润，防止亏损。而这也是资本市场存在的根基。试想一下，如果人人都不缺钱，都不想赚钱，资本市场还会存在吗？

这个简单的道理却蕴藏着资本市场最大的秘密。

一个人若能善用人类趋利避害的天性，很多事情就变得简单了。

两千多年前，一位秦国的客卿利用人类的这种天性，制定了一套制度，改变了整个中国。

这个制度的规定是：秦国的士兵只要斩获敌人"甲士"一个首级，就可以获得一级爵位"公士"、田一顷、宅一处和仆人一个。斩杀的首级越多，获得的爵位就越高。证据是敌人的人头（首级）。就是说，在战后把敌人的人头砍下来带回军营作为证据。如果一个士兵在战场上斩获两个敌人"甲士"首级，他做囚犯的父母就可以立即释放。如果他的妻子是奴隶，也可以转为平民。杀敌人五个"甲士"，可拥有五户人的仆人。打一次胜仗，小官升一级，大官升三级。

就是这样的制度改变了那个国家、那个时代，影响了两千多年的中国历史走向，而这就是商鞅的军功授爵制。正是这样的制度，秦国人几乎人人好战，个个勇敢。可见，人的行为受趋利避害的影响有多大，而利用人类这种趋利避害的天性可以做出很多的大事情。

在现代企业管理学中，激励理念被称为最伟大的管理思想，而这种管理思想的底层逻辑就是人趋利避害的天性。

趋利避害反映在盘面，其实就是两个表现。无论何时，这两个表现都不会改变，只要有股票市场存在，就依然适用这两个表现理论：一个是强者恒强，另一个是物极必反。

在所有的短线操作前，我们要明确哪些股票和模式是最亏钱和最赚钱的，然后只要判断其是否处在物极必反的潜在阶段。对于自己操作执行来说，要克服人性趋利避害的天性给决策带来的障碍；而对于市场来说，我们要利用人类的这种天性为自己抓住机会。做到这两点，我们就已经处在博弈的最顶峰了。

强者恒强，赢家通吃，这种现象在股市上就非常明显。我们经常看到涨停的股票可以反复涨停。而弱的股票长期无人问津，股价几乎没什么波动，交易量也极小。

强者恒强，弱者恒弱的规律对我们短线操作有什么具体的指导作用吗？可以说，这个指导作用非常大，表现在选股上，主要有三点：

1.选择那些表现最强的板块中的最强个股。

2.只做强势股、妖股。

3.只做趋势明显上升的股票，甚至只做创历史新高的股票。

短线要想获得暴利，只做强势股这是第一原则，也是所有短线选手必须遵循的原则。

物极必反，任何事物的变化总是经历着产生、发展、成熟、衰落以至消亡的过程。任何股票无论多强，总有走弱的一天，牛市总有结束的时候，这些可以说是不变的真理。涨得多了，自然要跌；跌得多了，自然要涨。这就是我们常说风险是涨出来的，机会是跌出来的。

知道物极必反的道理对我们实战操作有什么好处？

第一，可以让我们不要过度悲观或过度乐观。

第二，让我们意识到风险和机会是相互转换的。

仔细想一想，人生是不是也在经历这样无数类似的事情？

# 术 篇

有道无术术尚可求，有术无道止于术。

道，核心理论，核心思路。道不仅仅只是说道德，而且是一种原则，一种方法。

术，具体技巧，说话的技巧，做事的技巧。

有了方法，再学技巧，实力会提高得很快。

如果只有技巧，但没有方法，那么你还是会迷茫，会迷惑。只停留在表面的浮华，不能深入认知事物的本质。

也就是说，道是术的基础，术是道的表现。有道才能成更高的术，有术无道只能是普通的人。

前边的内容全部是以道的层面来分析讲解市场，道是什么？你可以理解为正确的方法。只有方法得当，我们离成功才能更近一步。术是什么？术就是技术层面，以前你掌握的各种技术理论都只是术，你用不好这些技术理论的原因就是你根本没有一个正确的方法来帮你正确地使用。看完"术篇"后，希望你能返回去再看一遍"道篇"。这样，你的体会会更加深刻。

## 第一章　收集信息和分析信息

很多人做股票，买了一只股票，涨了几十个点之后才明白过来自己的股票为什么涨停。有的人却可以在第一时间知道为什么涨，这就是获取信息、分析信息的重要性。你已经知道做龙头股的重要性了，现在把各种细节补充完整就可以了。

信息到底有多重要？

市场上所有的牛股、龙头股、强势股，在启动之前，都是有消息刺激的，这世上没有无缘无故的爱，也没有无缘无故的恨，慢慢经过不断地发酵和酝酿后，就走成了大龙头。由于我们都是普通投资者，从收集信息到分析信息，然后制订计划确定买入的标的、时机以及仓位，之后再确定卖出时机，最后执行交易计划或根据新的信息做出调整，这所有一切都要我们手工完成。如果从开始的收集信息就搞错了方向，那后边可以说是全盘皆输，不善于提炼分析信息，就无法做出正确的投资决策。在如今这个信息爆炸的互联网时代，绝大部分投资者获取信息的速度和方式越来越相似，每天我们都可以通过各种媒体与投资大佬同步获得大量信息，这个时候能够拉开我们差距的就取决于提炼信息、分析信息的能力了。不要希望能获取第一手的内幕消息，这一点也不靠谱。

真正的大机会一定是产生在公开信息里，可以让全民参与的事件，才是真正的好消息。比如说2020年2月的时候，马斯克要搞光伏产业链，还要来中国搞。这个消息先是在美国发布，之后漂洋过海来到中国，前后也就几分钟的时间。第二天开盘后，整个市场上的光伏板块个股全部处于一种涨停的状态。

**一、几种常见的信息获取方式**

1.公司信息

有大量的牛股都是因为上市公司出了一则公告而引发市场热捧的。

关于公司的重要信息一般有：招股说明书、年报、重大重组事项、高送转信息、券商研报，以及与公司有关的其他重大事项。

而催生牛股的公告比较常见的有：业绩预告、重组、大订单。

其中重组往往可以催生独立大牛股，例如在2019年8月我做的002201九鼎新材。

2019年8月4日，公司实际控制人、控股股东顾清波先生与深圳正威（集团）有限公司（以下简称"正威集团"）王文银先生签署了《股份转让框架协议》（以下简称"主协议"）及《股份转让框架协议之补充协议》（以下简称"补充协议"）。

正是这份公告将公司从7元钱左右一路炒到了30多元，我个人也是从底部开始做，一直参与到了顶部。当时有幸跟随我的朋友一起参与了这只股票的炒作。

这里我们要重点说一下券商研报，券商报告也是我们获取公司信息的重要途径。顶尖游资高手一般都会从券商研报中获取一些有用的信息。券商报告有时候有引导大资金的作用，代表部分资金的买卖逻辑。个人认为有价值的有这三类：行业报告、公司报告、策略报告。主要从如下几个方面着手：

第一，看数据。券商报告对于个人投资者来说，最值得关注的一块就是数据的归类、整理和对比，个人投资者因为信息来源的欠缺，也没有大量的时间来整理数据，不能像券商研究员们专门花上几天的时间来整理一些行业数据。也许你会担心造假，其实对于这种不是针对某个上市公司，而是对于整个行业的数据，券商没有任何造假的动力和可能。

第二，看逻辑。之所以强调要看券商策略报告或者行业报告的逻辑，是因为即使数据完全正确，但如果使用数据的逻辑出问题了，那么多精准的数据也没什么用。

第三，行业报告和策略报告可以重点看。券商的策略报告通常不会陷入太多的内幕交易,因为很少涉及个股。

第四,关注新财富各行业前三名的分析师写的研报。这些一般是业内公认水平比较高的,往往能给我们提供较好的市场共识点作为投资假设。说得简单一点,读研报,最重要的是让我们知道这个市场上的其他人是怎么想的。

一般来说,以上这类公司信息的获取渠道有交易所网站、巨潮网、自媒体资讯平台、公司网站、慧博网等。

二、行业信息

重要的行业信息经常会引发板块行情,一般包括以下几个类别:

1.涨价类主要是原材料涨价、水泥涨价、大宗商品涨价等。

2.行业发展规划类,比如健康中国发展规划和新能源汽车发展规划等。

3.有利或不利于行业发展的重大事件类,比如反腐对高端白酒的影响。

获取这类信息的渠道一般有商务部网站、行业网站、资讯平台、第一财经、上海证券报、券商行业研究报告、慧博网。

三、宏观政策,重大制度信息

这类信息较为重要的一般有以下几种:

第一,货币政策。比如降息、加息。

第二，制度变革。比如注册制推出、战略新兴板等。

第三，重大的经济发展计划。比如西部大开发、京津冀、自贸区、"一带一路""互联网+"。

第四，领导言行。比如国家领导人出访或者考察某地也可能带动相关个股大涨。

第五，重要会议决议。比如两会、中央经济工作会议等，像政府工作报告首次提到人工智能，就引发了赛为智能、科大智能等相关个股短期涨幅远超大盘。这些信息获取渠道一般有：央行网站、国务院网站、新华网、新闻联播、证监会网站，等等。

**四、重大事件一类的信息**

这是对前面三个方面的一个补充。主要国际国内重大突发事件，一般从新闻中即可获得这类信息。比如他国战争、天灾、重要国家的重大变化等。这里的信息一般在主流媒体的头版头条都可以看到。

通过以上介绍，我们了解了催生牛股的四类重要信息，以及从哪些渠道可以收集到它们。

以上都是市面上最常用的分析收集渠道，不需要去购买市面所谓的内部消息。我说过，真正的好题材一定是可以让所有人都知道的题材。

## 第二章　公告战法详解

公告牛股很多时候容易被人忽略，公告股有一个特点，就是不论牛市和熊市，如果公告股得到市场认可，就可以轻松地穿越牛熊。

《上市公司信息披露管理办法》是证券市场的一个很重要的法律法规。

有如下需要重点披露的信息：

招股说明书、募集说明书与上市公告书。

定期报告。上市公司应当披露的定期报告包括年度报告、中期报告和季度报告。凡是对投资者做出投资决策有重大影响的信息，均应当披露。

临时报告。发生可能对上市公司证券及其衍生品种交易价格产生较大影响的重大事件，投资者尚未得知时，上市公司应当立即披露，说明事件的起因、目前的状态和可能产生的影响。

但是每天公告这么多，哪些公告容易诞生牛股呢？

一是个股的盘子要小，股性要活，利于市场资金做到四两拨千斤。什么是股性活？之前在市场上做过龙头股的，就是股性活的股票。

二是并购重组，最近几年，凡是并购重组的，很多都走成了大妖股。因为其基本面彻底发生改变了，经过一轮股权包装，死马变成了活马。

三是和当前热点相关的公司公告。比如说疫情阶段，市场在炒作和疫情相关的事情，如果这个时候，某一个公司公告他们有类似的业务，那么这个股票就有极大的可能性走成连板股。

公告战法进场的两种方法：第一种是涨停进场；第二种是突破放量日最高价进场。

1.涨停进场

风险一般很大，要么一字板，要么高开低走。关于涨停进场，一定要注意当天的市场氛围。四个指标必须满足两个：

（1）全市场涨的股票比跌的股票多，观察你进场前市场的数据即可。

（2）前一天涨停的股票超过70%是红盘。

（3）昨天和今天都有板块攻击现象，即一个板块有超过三只股票涨停。

（4）连续涨停的个股有2个以上。

如果以上指标有2~3个满足了，那么可以对看好的公告股票,在涨停板进行狙击。

2.突破放量日最高价进场

总体来说,安全性较好。

方法:公告后出现放量(放量应为最近5日均量的2倍),且当天没有涨停,随后出现价格突破放量日最高价,进场。

# 第三章 盯盘技巧

## 一、识大局、看联动、抓重点

识大局：开车时，新手只会盯住方向盘，老司机却总能眼观六路，耳听八方。看盘如同开车，新手经常只盯住自己手中的股票变化，而老手却总能把握全局，能多角度地收集盘面信息。

这个识大局指的是看盘不要仅仅只盯着自己持仓或者将要买入的股票，而是要将眼光放在大盘的整体氛围和板块上，比如领涨板块、领跌板块、总体上涨下跌股票的数量对比等，这样才能更好地理解个股的走势。就像我们要理解一个人，将其置身家庭、民族、国家、历史等大背景下，就会更加透彻。

看联动：指的是股票与股票之间会相互影响，一只股票涨跌会影响另外一只或多只股票涨跌，同样，板块与板块、题材与题材之间都会有联动或跷跷板的情况。注意这种关系是我们理解市场的关键之一。比如，一只个股上涨，同时带动相关个股上涨，那么这只个股有可能就是龙头股。如果一个板块持续几天，龙头个股涨停，但没有带动相关板块的个股上涨，跟风盘弱，大部分情况下，这波行情就基本到尾声了。看股票之间的联动、板块之间的联动，这是对股市三大规律之一的能量传递定律的具体运用。运用这个定律，可以让我们提前预判到自己持有股票的走向。

抓重点：每一个时期总有一个主流板块，各板块都有龙头股，每个时期的市场总有一个人气总龙头股，还有大跌时用来护盘的大盘股，以及一些连板妖股，这些股票在关键时刻影响整个大盘的走势，起到阵眼的作用，是我们看盘时需要重点关注的。还有一个重点，就是赚钱效应和亏钱效应的变化。市场有3000多只股票，如果眉毛胡子一把抓，心中一团乱麻，不但累，还没什么效果。我们只需关注重点的板块、重点的个股，以及反映市场氛围的数据变化，就可以把控全局了。

## 二、界面的设置

为什么我喜欢用通达信呢，因为这个软件几乎就是为短线而生的。它没有花里胡哨的东西，简单的同时，还可以根据自己的需要设置需要的版面。每个券商都有自己的通达信版本，可以自己去官方网站看一下，然后下载下来。

以下内容是大多数短线选手界面常备的设置。短线精灵，大盘指数，最近的热点板块，整个A股涨幅榜和涨速榜两个指标，自选股，随时查看自己要看的个股的分时图、K线图，逐笔成交、分笔成交、逐笔委托等。如果实在不会设置，可以找我领取一份我自己用的界面，不过，我的界面对显示器尺寸是有要求的，27寸以上的就可以。

### 三、看集合竞价

9点20分至9点30分这个时间段是我重要的时刻，我会重点梳理以下五大要点：看昨天的主流板块、今天的开盘情况、有没有继续强势的可能、开盘是否超预期、如果有的话就可出击龙头股。

### 四、竞价时间

9点15分至9点25分，这10分钟就是开盘集合竞价阶段，可以透露出资金对一个板块或者一只个股的意图。这个时候，如果集合竞价和你昨晚复盘做的思路一致，那么当天你可能会非常轻松。如果不是，就要在这几分钟内思考哪里出了问题要做到快、狠、准。这些就靠自己的理解力和功力了。但是坚持复盘的人可以轻松解决这些问题。懒人就算了，祝你好运。

9点15分至9点20分，这5分钟可以挂单，也可以撤单，这5分钟出现的涨跌很多都是假的。在9点20分之前大单撤掉后，个股竞价的图会很难看，出现跳水的比比皆是。有些资金会在这个时候做一个竞价图骗人接盘，然后自己快速撤掉，坑一波"韭菜"。

9点20分至25分，这5分钟是真正的集合竞价阶段了，这个时候挂单后是不能撤的，这个时候如果有单子往涨停上挂，你就要注意了，资金就是要在开盘之前买到，意图非常明确。但是在9点25分完成竞价撮合的时候，最后那一秒的撮合价就是开盘价，也就是挂买单和卖单最后商量好的价格。

**五、提高看盘功力**

如果你喜欢盘中追涨停板，就是"涨停敢死队"用的方法，我介绍一下我的训练方法，非常有效。打开涨速榜，当个股上冲的时候，心中必须要有以下预判：

第一，这只股能涨停吗？今天大盘的环境适合追涨停吗？涨停后，明天盈利的概率大吗？

第二，这只股是什么题材？股性怎么样？有消息面的刺激吗？

第三，跟风效应如何？是最近的主流题材吗？是龙一还是龙几？适合我的模式吗？最佳仓位是多少？

如果你每天看盘时这样训练，不出两个月，你的进步就堪称神速。开始训练的时候，我们肯定有很多问题回答不上来，或者回答很慢，这都不要紧。用心复盘，勤奋复盘，看盘时刻意这样练习，最后你一定可以脱胎换骨，凤凰涅槃的。看盘是获取盘面信息的最直接手段，也是我们短线应对的根本之一。看盘的两大任务是执行交易计划和发现机会及风险。

## 第四章　其实复盘一点也不难

复盘是什么？复盘其实就是静态地让你重新审视一遍市场，并从静态市场中找出蛛丝马迹，从而制订第二天的交易计划。

凡事预则立，不预则废，所以，正确的方式是先从复盘做起，没有长期积累的复盘经验，看懂盘面、做好交易都是天方夜谭。

每天复盘的第一件事就是对大涨个股进行上涨的逻辑分析，包括且不限于所有涨停股。这个功课能够让你在打基础的同时，不那么枯燥地去逐个翻阅近3800只个股，长期坚持下来，基本能熟悉绝大部分活跃股票。

A股的涨停制度决定只有涨停才是最强，这是博取关注度最简单的方式，所以，理解了为什么涨停，你就算是跨进了短线的门。

之前看过一个对乒乓球运动员张继科的采访，大体意思是说，每天训练结束了，教练都会让他们看自己的比赛视频，那个过程是最痛苦的，比打球难受，要直面自己的失败。很多体育运动员都是这样，除了定期看自己的比赛视频，还要看对手的，更厉害的是，每天自己录自己的训练视频来看，一点一点地把不对的地方改过来。除了战胜体能和技巧，更多的是在战胜自己的心理。

我们生活中任何一个行业、任何一个人都应该熟练学会复盘，除了股票市场，在学习中、工作上去总结得失，思考对错，这都是一种复盘，不断地复盘检查自己的不足。

复盘就是把你当天经历的事情，在没有外人打扰的情况下，重新在大脑中过一遍，如果再来一次，我应该怎么做，如果这样做会是什么结果，人生没有如果，但人生有无限可能。这个无限可能就是建立在对自己的认知提高上。最终通过复盘找出你所在行业或者人生的简单套路，然后按照这个套路不停做事就可以。

复盘就是简单的事情重复做，直到成功。

**一、股票市场复盘的好处**

让我熟悉了市场绝大部分活跃股，对市场上近4000只股票都相对熟悉。比如放在之前，盘中有一只股票拉升了，我并不知道是怎么回事，而现在一只拉板的股票，我瞬间就能反应这只股票是什么题材、在哪个阶段炒作过、股性怎么样、在板块中的地位是怎么样的。

总结新的获利模式与套路，虽然我个人现在已经过了用新的模式去赚钱的过程，但是去研究发现这些东西可以提高自己对市场新的认知，市场短线的盈利模式或是自然形成，或是博弈形成，或是某些资金独创，这些盈利模式是无法从任何书本上学到的。这时候，复盘就起到了与时俱进的作用。从这个角度来说，向市场学习是通向成功的必经之路。

通过复盘对比，发现阶段性风险。几乎所有的市场风险都能被发现，从而做到最大可能的规避。

尽可能不犯同样的错误，发现自己的情绪模式中的弱点，从而磨炼心性，让自己真正做到知行合一。

## 二、复盘在整个交易体系中处在哪一个环节

复盘承接着收集场外信息的重要作用。在信息一课里，我们将信息分为场外信息和场内信息，并且下了一个重要结论：对于投机者来说，无论是短线，还是超短线，盘面呈现出场内信息的重要性是要远远大于场外信息的。这在我们的决策中是处于优先考虑的地位。换句话说，如果场外信息得不到场内的认可和检验，无论有多么强大的逻辑，都应该以场内信息作为优先考虑的依据来决策。我们收集场内信息只有两个方法：看盘和复盘。

## 三、复盘流程

1.关于大盘氛围的复盘

昨日涨停股票今日的表现，其中有没有连板的股票，而连

板代表了打板赚钱的效应极高。我们知道"涨停敢死队"代表市场最激进、最活跃、操作手法最灵活的资金。这部分资金的盈亏很大程度上反映了市场的机会和风险。这就好比一面镜子。

2.板块方面,主要看有没有板块效应

板块效应是资金堆出来的,是判断市场的核心指标。板块效应是市场强弱的核心,可以说,有板块效应,就有操作空间,强烈的板块效应代表最强的赚钱效应,板块效应是做龙头股的基石。

复盘时,将因一个原因或一个题材涨停的股票放在一起。涨停股票数量最多的那个板块,我们称为最强板块或主流板块。一般如果一个板块有5~6只个股涨停,这样的板块效应就会引起我的重视。我会分辨出龙头股,次日根据盘面情况选择狙击或放弃。

3.对于个股,最近强势股龙头股的表现是市场的风向标

包括个股题材、信息面、基本面、流通盘大小、历史走势及股性。具体方法是:每天将涨停个股和跌幅前20名的个股进行重点研究。

比如说一只股票当天涨停,你要找到它为什么涨停、几点几分涨停、在板块内它是第几个涨停、它的主营业务是什么、流通盘大小。这些东西一点也不难,你都不用费多少时间,只

要挨个查一下就可以。

关于龙虎榜，这里边有些东西太容易得罪人，我在写这本书的时候，就有几个经常上榜的人不同意我出版这本书，因为这本书透露了太多股市的玄机，确实影响到了某些人的生存。但我本着救人救己的原则，还是坚持写了下来，这一写就是4年（2016年，我就开始执笔写这本书）。如果你对龙虎榜的东西感兴趣，想知道大资金的事情，可以单独联系我，我免费发送给你，前提是不要轻易地外传出去，自己查阅就好。

## 第五章　风险控制

### 一、短线的仓位管理

仓位管理不是孤立的，而是与对市场的认知息息相关的。

决定仓位管理有三大要素，分别是风险承受能力、确定性、赔率。

个人和资金的风险承受能力决定了风控目标。这衍生出了我们管理仓位最重要的一个原则：以损定量。

什么是以损定量？就是根据你为这笔交易付出的风险金和止损来安排仓位。

### 二、以100万的账户为例

首先，最重要的是你必须确定你可以承担或愿意承担的风险，或者你首先要有风控目标。比如这个100万的账户，我只能亏20万，于是我就退出市场。或者这100万只是我全部资产的零头，即使全部亏完了，我也可以承受。再比如，我希望任何时候回撤不要超过15%。这些就是一个基本的风控目标。

如果是100万账户，非常看好某只股票，愿意用5万的风险金（即愿意为这笔交易付出5万的成本），现价10元一股，如果跌破9元，就该认输。那么这只股票最多能买多少呢？答案是5万股，50万元。这就是以损定量。

可以说，以损定量是为了一旦发生错误，损失不会超过我们的承受范围，相当于现在我们常说的要有底线思维。如果你不想回撤超过10%，这些都是可以通过仓位的调整而达到的。

但一笔投资具体买多少或什么时候重仓、什么时候轻仓，什么时候买、单只股票最大仓位上限是多少，这些问题还没有解决。这就用到了仓位管理的另外两个核心要素：赔率和确定性。如果正确率是100%，那我们是不需要仓位管理的。而市场的本质是不确定性，但这个不确定性是有差异的。我们根据这种差异来确定仓位。

比如芒格说，超过50%的胜率，赔率大于1∶3的机会，是值得重仓的。你看，芒格就是根据赔率和胜率来决定仓位的。这里总结一下，芒格说的"重仓"不是满仓，根据伯克希尔·哈撒韦的仓位匹配现象，重仓指的是超过10%。这里关系到标的的组合了。如果我们将所有资金压在一只股票上，就算赔率和正确率很好，也是存在风险的。特别是短线，被停牌大半年，如果满仓，这段时间浪费的机会成本就大了。一般3～4只组合比较好。很多顶尖游资都是这样做的。

比如我的一位搞风险投资的朋友说，他没法儿预估正确率，他只投那些回报有可能大于100倍的项目，他把投资基金的钱分成100份，每份都是一样的资金。这样，只要正确率超过2%，他就可以赚钱了。这也是一种仓位管理。

好，再回到我们开头的问题，怎样做到用极小的回撤博取较高的利润。通过仓位管理的三要素，我们可以实现小回撤：降低风险，提高胜率提高赔率。

具体来看一下我个人的仓位管理方法：

赢面：包括胜率和涨跌比空间（涨跌比空间即我们讲的盈亏比，赔率的意思）。

出击仓位和赢面的大致为：

| | |
|---|---|
| 赢面在60%以下 | 空仓观望 |
| 赢面在60%~70% | 仓位不超过25% |
| 赢面在70%~80% | 仓位不超过50% |
| 赢面在80%~90% | 仓位可以达到75% |
| 赢面在90%以上 | 满仓出击 |

比如满仓必须满足两个条件：一是胜率要求90%以上；二是上涨空间可以看到30%甚至50%以上，而下跌的空间在3%~5%。

我个人的经验是根据市场总体赚钱效应、板块题材的强度，以及有无人气个股三个角度来衡量赔率的。正确率主要还是对自己的模式和交易体系来衡量的。这里面，经验占据较大的成分。当然，你可以进行数据的统计来确定。比如，短线的四大数据：有2个板块出现板块效应，有连板个股，涨停赚钱效应高达80%，市场涨跌比高于9∶1。这时候，我就认为赢面超过90%。

总结：仓位管理就是在控制回撤的基础上全力出击。

## 第六章　什么是盘口

盘口是短线操盘很玄学的东西,有人说如果看不懂盘口,就不可能理解大资金在盘面上交易的逻辑,更不会明白个股涨停的原因。

一般理论告诉你某个盘口出现的涨停股代表的其实就是大资金群体对个股的坐庄。这个理论还会告诉你,每一只股票背后都有一个神秘的老庄,如果这只股票从高位跌下来,老庄会告诉你这只股票是高位建仓后下跌洗盘,如果这只股票涨了起来,他们也会告诉你这只股票最近在建仓,要密切关注。如果这只股票在某个位置横盘不动,他们会告诉你最近这只股票的主力庄家在通过震荡的手段来洗盘,咱们要等待它突破。如果你们按照他们的理论做股票,你会发现任何一只股票用这个理论都说得通。这个时候就会有疑惑。你们在看我的资料之前,一定还看过更玄学的资料,他们告诉你的盘口往往是说一种交易暗号,资金在买几或者卖几挂某个数字的单子,用来在盘面交流,然后他们告诉你,这是一种盘口语言,"88"代表什么。"99"代表什么,"111"代表什么,等等,各种看起来高大上的符号。

看不懂盘口，是不是就不可能真正明白市场在发生什么？主流资金群体在做什么？到底该怎么理解盘口？

做股票不是破案，不要搞得像福尔摩斯一样好吗？以上所有盘口理论都是值得商榷的，是这帮人编了一个美丽的故事告诉你要这样，要那样而已。你用他们的方法去套任何一个股票都可以套进去，用他们的方法A股能有几千个庄家。想想就知道，这怎么可能。

时间是最好的证明，如果你坚信这种理论，最后吃亏的就是你自己了。

## 第七章　总　结

其实写到这里，这本不像股票学习的书已经写完了，我能公开的基本全部公开了。不能公开的，其实我也很隐晦地在书中提到了，当时写这本书的时候，我师傅是同意的，但是圈内很多人是不同意的，这可以说是触动了很多人的饭碗和神经。我个人也不知道将来这个市场会不会因为我的这本书而产生很大的变化。我想，如果真的产生了某些变化，那也只是一时的，因为投资的本性并不会因为我这一本书而产生翻天覆地的变化，任何人也做不到。即使巴菲特将他的所有思想公之于众，也不可能轻易改变美股的交易规则。因为人性是不可能轻易改变的。

## 学龙头股的心得体会

### 龙头战法心得

作者　夏天⁀下着雪

——首先,感谢德晟师傅分享了自己的龙头战法

我在淘宝上买书籍准备学习,偶然间看见一本私募大佬写的龙头战法,为了提升自己,当时就买下了,挺便宜的,才29元钱,现在想一想这29元钱价值千万。看完后,我感觉确实讲得很有道理,什么都对,可自己一操作起来,不是这里出问题,就是那里出问题。后来才觉得龙头股战法是一个需要建立思维模型的过程,不是一个简单的方法。它是一个涉及认知层面、哲学层面的问题。下面我就开始说一说我理解龙头战法的心路历程:

第一个阶段:感觉自己很牛。听完师傅的课后,感觉我赚20%~30%根本不是事,只要按照指标买入,就能随便赚钱,

从此走向悟道之路。信心满满打板入,事后一看亏成狗。天天看着师傅涨停板10%,自己羡慕得要死。我买票时经常会有以下这些想法:

1.哇,这个票又涨停了,涨这么高,不敢买啊,等回调一下再买。

2.炸板了,封不住,封不住,赶紧跑。

3.这个票可能是龙头,今天封板这么漂亮,明天竞价就上。

4.龙头开这么高?我还是买一点开得不高的票吧,低位相对于安全一些。

5.今天大盘这么好,为什么封不住?

6.火箭发射,好多大单在买,马上跟进,反正他们买了这么多。

7.这么多大佬买入龙虎榜?赵老哥、章盟主、小鳄鱼都来了,明天买进肯定赚钱。

然而听了龙头战法后,感觉像是麻痹了自己,增强了信心,觉得自己有本事赚1个亿,实际上还是没有逃脱被割"韭菜"的窘境,没有任何区别。

第二个阶段:开始反思。当亏钱亏到快扛不住的时候,我开始学会反思了。为什么师傅能一直赚钱?我发现了一个规律,就是师傅很少买杂毛,一出手就是龙头股。我就奇了怪了，为什么我就买不到呢？有一次买股票，我看见宁德时代大涨，我就低吸了奥特佳，没想到居然师傅也买了这只，但是第二天尾盘烂板，我拿不住走了，而师傅吃到了30几个点，羡慕死了。我也尝试过只操作龙头，可是我一买入，就是接最后一棒，10几个点的面不在少数。后来才知道我所理解的龙头战法只有一点点，这也是为什么上学的时候老师教的有些知识一学就会，自己下来练习就不知所以的原因了。

第三个阶段：信心受挫。为什么我这么努力了，每天学习股票知识，师傅的视频看了三四遍但就是没有成效，市场就是针对我？我好想赚钱啊，可就是亏钱，唉，为什么？这个票明明这么好，我买入没有错啊，可为什么就是不涨呢？一定是哪里出了问题。

第四个阶段：迷茫，坚持。浑浑噩噩中，我终于意识到不能这样每天都纠结在亏钱上了，有些日子我每天都在游手好闲，每天收盘后就打游戏、看视频、看别人复盘，第二天就等着乱上。我报了龙头进阶班，听从了师傅的建议，每天坚持自己复盘，即使几百股涨停，也要一只一只地去看。每周，我也会分析我自己的交割单，看看自己乱买了什么，买入卖出的逻辑是什么，都写下来。

第五个阶段：稍有成色。学了龙头进阶战法后，我有了和开始时一样的感觉，但这次不一样，这次有了实践，我按照师傅的要求去做，试做一个月，不管对与错。

现在我知道了：

有些票回调就是结束的信号，等你买入发现就晚了。

龙头不怕分歧。

自己认为的龙头，不是市场选择的。

做股票看大盘是必要的，但也要看市场的情绪。

看见大单时不能盲目跟从。

大佬也是人，也有做错的时候，况且大部分都是第二天就跑，无脑去了不是接盘吗？

按照自己所理解的，成功抓到了特高压的第一波龙头股：保电电气。

按照师傅的提示，买到了克劳斯。

还有一次，我的想法跟师傅一样，都买了中通国脉，当时的5G龙头股。这给了我无比的信心。

慢慢地，我学会如何去按照大资金的想法去思考问题。

以前的我，每天等着别人复盘，开盘胡乱上票，现在的我，每天坚持自己复盘，有计划地买票；以前的我，信庄家信技术指标，看个股看大盘，现在的我，判人气判市场合力，看题材看情绪。

谢谢你教给我的一切，德晟师傅。

## 我的龙头心得

作者　木依晨

人生的旅程行至此处，所经历过的最大奇遇应该就是遇到我的恩师——德晟先生了。

我热爱投资，准确地说，就是喜欢炒股。自2019年接触股票后，似乎进入了迷醉状态，如同爱上了美女的痴汉一般，逢人便说，如切如磋，如琢如磨，如痴如醉。虽然对于能看到的投资书籍，我都尽力学习，可惜万般琢磨，却不入其门。我一定是哪里错了，因为投资的理论可能会骗我，但账户的资金却不会。在我苦闷不堪、忧愤交加之际，遇到了德晟先生，幸蒙恩师不弃，将龙头股战法倾囊相授，自此刷新了对股票的认识，开启了我新的人生。的确，没有丝毫的夸张，我想这应该是我人生新的起点。

得知恩师新书出版在即，我将送上最真挚的祝福。我想，有幸读到的人也一定会受益良多。

其实龙头股简单来说，就是市场的领头羊，而龙头股战法从李佛摩尔至今被无数高手使用，也必定是有其深刻道理的。在我看来，其一就是胜率极高，赚钱暴力；其二是简便易学，老少咸宜；其三可以身心兼修，名利双收。胜率高、赚钱快自然不用过多解释，这已经为无数炒股高手、游资大佬所验证；而简便易学，老少咸宜说的就是龙头战法讲的都是一些大道至简的东西，学起来非常容易上手，老股民自然可以做到静享丰厚利润，同时也能兼顾到新手在心态把控方面所遇到的问题；所谓身心兼修，名利双收，更多的是主观感受，炒股是一种对人性的考验，炒的是股票，受煎烤的却是凡身肉心，炒股的过程其实也是炼心的过程；好的思维和方法必定会带给你好的结果。

有时我会想，龙头股战法怎么会如此优秀？粗略想来，大概有这么几个原因：

一方面是因为龙头股战法背后的原理有着广泛的社会学基础。这个世界本就是平衡与非平衡相结合的有机体，不平衡是一种常态。比如最近二十年，房地产和互联网行业的高速发展就远远将其他传统行业甩在了身后，撇去其他不谈，这种高速发展的效应确实起到了引领作用，吸引到了较多的社会资源注入；找准这种结构性差异，让自己身处具有优势的"不平衡"当中，无疑会给自己的努力插上梦想的翅膀，事半功倍。

另一方面，龙头股战法也具有一定的心理学作为支撑。股票的买卖说到底，不过是人与人之间的博弈。强者恒强，赢家通吃。"马太效应"普遍存在于个人、公司、行业，甚至国家的发展上，而这种效应在股市上就更加明显。我们经常看到涨停的股票可以反复涨停，而弱的股票长期无人问津，股价几乎没什么变化，成交量也很小。比如我们大部分人都知道中国羽毛球界的第一名是林丹，但又有多少人留意到第二名姓甚名谁？一旦成为龙头股，无论是出于对"权利效应"的崇拜，还是受到"羊群效应"的暗示，都必将凝聚人气，形成合力，而合力又将起到推升股价的作用。说是自验预言也好，皮格马利翁效应也罢，这种光环效应所带来的溢价无疑是巨大的。而以上的这些正是我们盈利的基础。

　　说龙头股战法改变了我的人生，此言不虚，因为它带给了我一种新的思维方式。阳明先生说："知昼夜，即知死生。"又说："知昼则知夜。"我喜欢类比思维和反向思维。去想明白这些道理，无论是看待眼前活生生的世界，还是股市冷冰冰的数字，都豁然开朗，昼夜自现，冷暖自知。交易即生活。生活站在阳光下，交易靠在"热点"旁；同事好友曾半开玩笑地说："你简直一夜变股神啊！"其实哪有什么神仙皇帝，牛顿之所以牛，不是因为他姓牛，而是因为他站在巨人的肩膀上，而我则是扯到了巨人的衣袖；历史上所有的牛人都有师承，没有继承，就没有开创。而最应该感谢的就是我的授业老师——德晟先生。他令我收获了家人的支持、朋友的赞许，以及豁达的人生。

## 龙头战法认知

作者 球 球

**一、龙头战法的内在逻辑是什么**

在任何一个行业中,排名第一的企业一般占据行业50%甚至80%以上的市场份额。如搜索行业中的百度,电商中的淘宝和京东,网约车中的滴滴,空调中的格力,手机中的华为,等等。当我们进行消费时,自然而然想到的是相应行业中的老大或者老二,而排名靠后的基本上不会去考虑。同样,奥运冠军我们可以记得住,而亚军、季军知道的人却寥寥无几,他们的代言费也是天壤之别。

这些行业中的第一名与排名靠后的相比,第一名能够获得更多的资源,这就是我们常说的龙头溢价,也就是我们常说的赢者通吃,一家独大,二八效应,马太效应。对应到股市里,就是我们的龙头股,它会吸引全市场最高的关注度,吸引最多的资金参与,有着最高的人气,进而会有最高的涨幅,参与者可以获得超额利润。

## 二、龙头股的特点

一般情况下,由于对龙头股市场地位的认可,在超额利润的预期驱使下,大量资金积极参与,使得龙头股涨得快,跌得慢,风险相对于后排的股票要小很多,而且一般情况下,龙头股会给参与者很充分的离场时间。

## 三、如何寻找龙头股

一般通过复盘,先找出当天的热点板块。如果热点是第一次出现,那么再把热点板块涨停股按照涨停时间先后排序,一般前三个会是市场关注的重点。如果热点板块已经发酵了几天,那么根据连板的高度进行排序,以最高的作为龙头股对待。

## 四、如何参与龙头股交易

通过复盘,选出既定目标股,加入自选,集合竞价就要关注,高开低开意味着市场资金的态度,同时要结合大盘以及龙头股所在的板块其他非龙头股的开盘情况。如果其他非龙头股与龙头股是正相关的,即龙头股涨,而非龙头也是红盘,这说明场外资金对龙头股所在板块的认可,积极看好,就要积极参与龙头股交易。反之,则谨慎参与。

在做龙头股的时候,必须综观全局,理性地看待市场,耐心地等待市场机会,不能夹杂任何个人情感在里面,就是一个机械式、模式内、冷冰冰的交易。而且龙头战法追求的是大概率事件，不会每次都有效，最终能够获得六成以上的成功率就可以获得稳定收益，进而依靠稳定复利在这个市场里生存下去。

龙头股战法需要长期的经验积累才可以提高正确率，不是肤浅的简单的买卖，而是需要操作者付出大量的时间、精力、金钱才可能彻底地融会贯通。它没有固定的模式，需要操作者不断地总结、优化、完善。

## 龙头股心得

作者 gsc

龙头股有人气、有联动效应,就像蝴蝶效应一样,一群南美洲亚马孙河流域热带雨林中的蝴蝶偶尔扇动几下翅膀,可以在两周以后引起美国得克萨斯州的一场龙卷风。

挑战龙头股,对以下三个方面的了解必不可少。

其一是情绪:它虽然看不到,但是作用很大,龙头股要走出连板高度,离不开它的作用,它吸引了全场人的注意,像滚雪球一样越来越大力。

其二是合力:在情绪高涨的时候产生的合力力量最大,方向相同,买卖平均,没有一家独大。

其三是股性:股票也是有性格的,在历史上涨停次数多,如果一年涨停不到一次,这种股性就不好,例如特例A,每次涨停,隔天基本有溢价。

在大盘好的时候,它涨幅巨大,在大盘不好的时候,龙头股会带动整个板块,转势大盘走向,龙头股带动整个板块,第二天是有享受溢价的,如果说,做短线的不能赚到钱,那一定是方法上出问题了，不做龙头股，那在市场往往是没有目标性的买卖，几百年前，李佛摩尔就是靠做超级强势股纵横天下，所谓超级强势股，他自己称为领头羊股，现在叫妖股，投机的人性像山岳一样古老，以前有的，现在也会有，未来更会存在。

龙头股，股价看上去风险高，受益是最大的，风险反而可控；弱势股看起来价格低位置低，死得却比龙头股快。龙头股在板块效应下，哪怕炸板，隔天依然会有回封的可能，甚至走出二波的态势，也能有更多的想象空间，市场只会记住第一名是谁，第二名不被记住，三、四、五、六名更不用说了，结果肯定只记住第一名，世界都知道第一高峰珠穆朗玛峰，第二高峰往往是被忽略的，第二名和最后一名没多大区别。

坐上龙头股是其他股票无法体会的喜悦，高高在上的感觉，没有对手的寂寞感。如果你眼高手低或方法不对，就只能看着龙头股越走越远。天天都在最前面抢，抢到了，自信心极大满足，抢不到龙头股，受挫感极强，情绪极其低落，走向另外一个极端。龙头股没有提前知道的，是随机起来的，市场合力吸引足够资金共同参与，并不是某个庄家大机构做出来的。

游资的操作理念是不变的，衡量市场强弱最重要的是量，游资考虑的是流动性，只有龙头股在的时候，流动性才高。

做龙头股的时候，能够发现自己身上的缺点，开始做龙头股之后，发现自己的控制力极弱，该做不该做的都做了，导致资金市值回落速度比大起来的快，这一定是控制力出了问题，发现问题所在，便开始改变自己的缺点，到现在，控制力还不是特别好，哪怕你技术再好，缺乏控制力，那亏损一定常常在。大部分回撤都是没有控制好这个点，只有过了这个点，成为一线游资是没问题的，知行合一，知易行难啊，龙头股没有好的环境配合，会大大降低成功率，环境的大势和板块的强势才能提高成功率，到现在看清主流感受情绪，抓龙头股是很轻松的事情。做龙头股看起来很容易，有时候做起来很难，有时候看到了，却没有去做，等封涨停了，才懊悔我为什么没有买。

之前做龙头股的时候，思维方面总是会慢人一步，操作节奏比市场慢半拍，资金利用率很低。

我曾经怀疑过自己，不自信，连续大亏损的时候怀疑自己是不是不适合做股票，睡觉的时候总是会半夜醒来，亏到睡不着，亏到流泪，总是觉得对不起家人，也许我没有天赋，但我执着、坚持。做龙头股的时候赚了大钱，很自我，觉得自己无敌了，这只做完，还能再赚翻倍，想得太天真。

做了这么久，才稍微明白简单的就不要复杂，弱势的就空仓，强势的就冷冰冰地做一个狙击手，看见目标，扳机一扣，一击毙命。难的是自己的心态，诱惑太多，便会让自己愈发浮躁，什么都想做，千万不要把重点放在诱惑上，一定要舍弃那些无关紧要的。

## 短线龙头股思考

作者　火焰

什么是龙头股？

龙头股可以理解是市场的高标股，最耀眼的明星。龙头股主要分为两种：

第一，行业龙。就是每个行业中最大最强最赚钱的公司。例如，白酒行业的贵州茅台，通信行业的中兴通讯。

第二，市场龙。它们主要是市场中短线资金根据热点题材造出来的。例如2020年初一波行情：特斯拉板块的奥特佳、老基建板块的宏润建设、口罩板块的道恩股份等。

如何做龙头股？

要记住两个核心要素：第一，独立思考，独立判断；第二，拥有市场的理解力，掌握核心本质。

### 一、独立思考，独立判断

马克·奥勒留在《沉思录》里说："我们听到的一切都是一个观点，不是事实。我们看到的一切都是一个视角，不是真相。"

散户踏入股市容易迷信"专家""庄家"与"股神"这其实这是散户的三大误区。

股市中的"专家"大多是不炒股的，他们主要靠股评赚钱或者他们本身就是主力机构的喉舌，专门诱导散户的。其实遇到这种人，你就直接问他三个问题：你们推荐股票的胜率是多少？你们推荐股票的盈亏比是多少？你们推荐股票的资金回撤率是多少？

一般他们都规避这三个问题，为什么？不是答不上来，就是结果超级难看。

"庄家"理论也是一个深入散户人心的话题。大部分散户都相信每一个股票都有一个"庄家"，每一只股票的上涨与下跌都是"庄家"操作的结果。散户们喜欢研究猎庄，研究庄家的："建仓→试盘→洗盘→主升浪→出货"。研究K线、均线、各类神奇的指标，希望找到一剑封喉的绝技。

其实市场上没有"庄家"，很多时候，大家都是明牌的，进去一只股票点击F10去查看前10大股东你就知道了。中国股市存在的目的是给企业融资的，如果有人想做庄，证监会第一时来收拾你，为什么？你扰乱了市场。

"股神"也是散户喜欢谈论的话题，我们就说一说世界第一的股神——沃伦·巴菲特。

巴菲特有多牛，旗下的伯克希尔公司从1965年的19美元涨到2020年的顶峰347400美元。55年涨了18284倍，堪称股市奇迹。

但是，"股神"的话就值得完全相信吗？未必。我们来看看"股神"怎么算计散户的。我们可以分析美国大盘——道琼斯指数，再结合当时的媒体报道。

2007年2月13日，新世纪公司出现盈利预警，但是随后，巴菲特还是在当年的12月4号买入克雷斯公共事业公司21亿美元的垃圾债券，2008年2月12日，巴菲特为美国6大抵押贷款银行提供800亿美元的再保险。但是次贷危机还是越来越严重。特别是2008年9月29日美国众议院否决了7000亿的救市计划，道指暴跌777点。风暴中心的巴菲特也被套住了。但是在10月1日接受采访的时候，他还说股价十分合理，希望大家去抄底，结果全部抄在半山腰了。在2009年2月28日，巴菲特给股东的信上说2008年犯了好多错误。让大家去卖出带血的股票，结果3月9日道指反弹，牛了整整11年。

这轮牛市中有多少散户听信"股神"的话，抛弃了"带血"的筹码，我们不会清楚。但是我们可以知道"股神"的话未必可以全信。

也许有朋友说，我们的话也未必可信。嗯！是对的，非常正确。

在这个市场，你要想成功，就要独立思考，独立判断。

借用一句20世纪90年代中国股神"杨百万"离开股市的一段话来勉励大家:"身为散户,要深刻理解在股市中机会与风险并存的道理,只有自己相信自己,任何人都不能越俎代庖,任何将希望寄托在别人身上的散户注定是失败的。"

### 二、市场理解力

提到市场理解力,就需要讲格局。那么什么是格局?

"格"就是对认知事物范围内的认知程度;"局"就是对认知范围内所能做的事情及事情的结果,合起来就是格局。

为什么要讲市场理解力,你在市场取得的成就(利润)取决于你对市场的认知程度。你永远赚不到超出你认知范围外的钱,除非你靠运气,但是靠运气赚到的钱,最后往往又会靠实力亏掉,这是一种必然。

你所赚到的每一分钱都是你对这个世界认知的变现。你所亏掉的每一分钱都是你对这个世界认知有缺陷。

这个世界最大的公平在于:当一个人的财富大于自己认知的时候,这个世界有一百种方法收割你,直到你的认知与财富相匹配。

市场理解力的核心是什么?有5大要素。

#### 1.市场合力

"打最硬的板,喝最烈的酒。"——理解市场合力。

对于短线龙头股的理解,一定要搞清楚什么是市场合力。

这类龙头股的上涨是没有计划的，完全是在市场题材发酵下诞生的牛股。当市场受到各类政策、消息的刺激，主力资金群体就会去挖掘相关的个股。去"推龙造妖"，然后相关的个股相互竞争"板块龙"，随后又带动板块去争夺"市场龙"。

合力就是市场中的人气，在不断地上涨中不断换手，让大家都有肉吃。当然，一旦缩量加速，就要注意了，也许就到头了。

所以，游资大佬炒股养家就说过"人气所在，牛股所在，得散户者得天下"。

2.对手盘理解

在股市中获取利润主要有两种办法：分红与价差。当然，在A股市场，大家主要是以价差获取利润的。

价差获取利润更形象的解释是"击鼓传花"的游戏。这是一个群体游戏。它的核心要素就是在鼓声没有停止的时候，用最快的速度传递给下一个人，以实现利益的获取。

在股市中，这个游戏的关键在于：一是参加的人要多，要有人气，也就是市场合力。二是要有下家，筹码不能砸在自己手里。

这就诞生了"对手盘"的思考，没有充分的换手，就没有上涨空间。作为大资金，首先考虑的是资金安全。考虑自己在这个位置介入后面有没有人接盘。对对手盘的理解也是对上涨空间的见解。

3.资金驱动

"天下熙熙皆为利来，天下攘攘皆为利往"，在A股，股票的上涨与下跌都是资金驱动。大A股有一个涨停板制度。市场中的短线主力资金群体利用市场上各种各样的利好消息不断"造龙造妖"拉涨停。涨停代表着强势，代表着暴利。通过涨停板吸引散户的眼睛，在不断地涨停中吸引散户不断入场，直到这个气球吹爆为止，而主力资金则在不断的涨停板上出货。

4.市场情绪

比格斯在《对冲基金风云录》一书中说："如果只想把股票变动与商业统计挂钩，而忽略股票运行中的强大想象因素，一定会遭遇灾难。因为你的判断是基于事实和数据这两个基本维度，而你参与的这场游戏是在情绪的第三和梦想的第四维上展开的"。

资金是情绪的后盾，情绪是资金的发泄。

市场交易的本质就是资金，但是资金是由人控制的，决定人的是情绪，股价可以影响人的情绪。主力资金通过操作股价影响散户的情绪，同时情绪也引起了股价的变化，这就给了主力资金做价差的空间。

5.主力思维

"竹影扫阶尘不动，月落深潭水无痕。无根浮盈空欢喜，未悟真经套中人。"

主力思维是无限接近市场的真相。对主力思维的参透,是高手的入门之道。和他们用一个维度思考问题,就可以搭上主力的顺风车,从而实现利润的快速增长。

主力基本分为两种:

第一,超级主力关注业绩,专注白马股或大盘蓝筹股等。

第二,中小主力获取利润主要靠价差,他们获取价差的手段靠题材、市场的合力、市场的情绪。

他们通过对热点题材的挖掘,用涨停板当手段吸引市场的人气,调动市场的情绪,让散户不断飞蛾扑火,在高位实现迅速套现,在极短的时间内进行财富由多数人向少数人的转移。

# 龙头战法浅谈

作者　菜鸟

事物的发展总是通过其自身的辩证否定之否定而实现的，事物都有其两面性，要么是肯定，要么是否定。肯定方面和否定方面的统一，当肯定方面居于主导地位时，事物的性质、特征就会产生向上发展的趋势；当事物内部的否定方面战胜肯定方面并居于矛盾的主导地位时，事物的性质、特征就会产生向下发展的趋势；无论是哪种发展趋势，都会在否定之否定规律中产生周期性的发展过程。这种规律的表现形态是多种多样的，既可以应用到生活的方方面面，也可以应用在股市中，正如股市中的空方和多方之间既会形成对立，也会加以转化形成统一一样，从而达到平衡，并促使股价发生质变。

## 一、龙头战法的定义

龙头战法就是在前一天涨停股票的基础上，进一步选择作为第二天操作的标的，涨停即可打板参与的票，通俗地讲，就是连板接力。市场中最聪明的资金都是在做连板接力，本战法如能参悟透，那么参与国内A股市场是绰绰有余的。下面谈谈龙头股战法的两大好处。

1.复盘

只需研究当天的涨停板个股，跌停板个股用于辅助情绪周期的判断，对于传统复盘来讲工作量会小很多。

2.高效

龙头战法只打板操作，打板后，不用考虑其他，第二天吃溢价或者涨停持有即可，资金利用率高，赚钱效率也高。

二、龙头战法精要

1. 分析市场热点和市场题材方向

分析市场热点和市场题材方向是非常必要的，只有主线题材才有可能成就龙头股，也只有主线题材才是市场上最聪明的资金聚集的地方，这也是游资必须关注的。看市场主线题材最简单的方法就是看哪个板块涨停板多、资金汇集得多、涨停板多，那基本就是最强的题材了。

2.分析个股板块地位

一般来讲，先涨停（前排）的要比后涨停（后排）的更好，也是市场资金的第一选择，而且能带动同属性的其他个股，同时也表明身份地位较高。首先，个股的身份地位是根据涨停时间和是否能带动同属性个股涨停来决定的；其次，涨停时间越靠前也就越能带动板块氛围，这些因素是决定个股在板块中身份地位的关键条件。

### 3.技术分析

我们都知道，龙头股是市场选择出来的，但是很多个股第一个涨停就已经排除在龙头股之外了，所以对涨停个股本身的分析也是非常必要的，在其中选出有龙头气质的个股加以关注。我们要做的技术分析就是确定有龙头气质的个股。

首先，判断流通盘的大小。流通盘太大，不会是龙头股的首选，因为筹码难以收集，至于多大，也没有量化的定论，但是我们可以确定的是流通盘越小，就越容易形成龙头股。其次，判断股价的高低。股价太高，形成龙头股的可能性就不大，因为股价太高就会让一些散户望而却步，龙头股走到最后，还是需要散户接盘的，没有散户参与的个股不是龙头股的最佳选择。股价具体多少，要根据当前的题材热点和市场成交量来判断。

### 三、总结

兵无常形，水无常势，龙头股也没有一定的形式，龙头股的精髓在于应变，而不是死板的应用；股市既是没有硝烟的战场，也是交易的艺术，更是一门哲学。

## 龙头战法学习之感悟

作者 王金辉

人一生下来都是平等的,要想与众不同,就必须要有一个逆天改命的过程,而要实现逆天改命的目标,不外乎持之以恒地刻意修炼和历经各种劫难这一必经之路。龙头战法无疑是普通人逆天改命的无上修炼功法,为痴迷股海的人们点亮了一盏明灯。关于龙头股,李佛摩尔曾说过:"只研究当前最突出的股票,千万不要在那些疲软的股票上浪费时间,如果你在龙头股上都赚不到钱,你压根儿就不可能在股市上赚到钱。"龙头股就是先于市场启动、题材最热、人气最强、资金最多的那只股票,龙头战法就是寻找强者的游戏。

之前做股票,最典型的表现就是"一买就跌、一卖就涨",在股市摸爬滚打五六年,一直处于被"割韭菜"的状态。机缘巧合之下拜在了德晟先生门下,恩师给了我新生,让我重燃希望。具体怎么寻找龙头股,我不再班门弄斧,我想与大家分享一下在龙头股修炼之路上的心得体会。首先,任何进步都需要有强大的动力。做龙头股的人一定是对家庭极其负责、对生活极其热爱的人，他们想给身边人最好的生活，只有这样的人才有逆天改命的信心、决心和恒心。每每想到我辛劳一辈子的双亲、同甘共苦的爱人、活泼可爱的小公主，就能燃起我强大的小宇宙，促我砥砺前行。其次，任何提高都需要付出百倍的努力。天将降大任于斯人也，必先苦其心志，劳其筋骨，空乏其身，行拂乱其所为，最后才能增益其所不能。任何炒股战法离开长期的盯盘、复盘和总结，都将是无源之水、无本之木。为了能更好地理解师傅的讲义，我一字不差地手抄了不下三遍；为了充分地理解一个知识点，我分析了近两年上百只个股。再次，任何成功过程都需要不断总结与修正。总结也是一种复盘，对当日工作复盘、对一年的收获复盘、对人生复盘。曾国藩之所以能成为晚清中兴四大名臣之一，这与他常年的自我总结与修正（写日记）是分不开的。股市亦如是，收盘后对当天的市场进行总结、对当日买卖操作进行总结、对前一日自己的复盘选股进行总结，日复一日地总结与修正就能带来一点一滴的进步与提高。最后，任何收获都需要严格遵守规律。自然界有自然界的规律，社会发展有社会发展的规律，股市更有其严格的运行规律，凡是违背规律的都将遭到历史的淘汰。顺势而为、抓住热点、寻求合力就是龙头战法的基本规律，不遵守规律的无脑操作，只能让你一亏到底。

爱因斯坦曾说过："成功等于艰苦的劳动加正确的方法加

少说空话。"恩师已传我"修行大道",剩下的就是自己脚踏实地地按照市场的规律去刻意练习。感谢恩师传道授业解惑,使我有幸得窥大道,在有生之年能够为家庭、为子孙后代打下一片基业。

## 我的龙头股心得体会

作者　henry

大道至简是一种智慧！

把简单的问题复杂化很容易，而把复杂的问题简单化很难。入市之初，这成为我最大的绊脚石，每次都想把方方面面照顾到，觉得越全面，胜率就会越高，其实不然。到最后搞得自己很狼狈，结果更不如意。

整理思路，重新出发！幸遇名师，跳出固有思维，无非就是天时、地利、人和！

所谓天时，就是大盘给力，市场环境好，大盘一直在涨。只有大盘处于相对安全的位置，板块才能真正吸引大资金的持续流入，板块的炒作才能得以扩散。还有一些消息面的配合。比如政策方面的利好，如千年大计、重点扶持、国家领导去哪儿了；行业方面的，如某某产品涨价、某某研发取得重大突破等一系列的利好。要新鲜的、有限想象力的题材，不早不晚，在恰当的时候出现在合适的地方！

地利，市场无好题材，一些个股或板块经过长时间的筹码交换，调整到位，最直观的就是图形好看，加上盘子适中，价格合适，股性好，蓄势待发。这些也是市场上一部分人喜欢的，更容易聚势。

人和，就是合力，就是关注度，就是人的情绪！这是最重要的，反映到市场上，就是成交量。没有成交量的变化，就不会有太持续的行情，成交量的放大过程就是人气逐步聚集的过程，最聪明资金形成的上涨就是合力的表现。

股市如流水，弱水三千，只取一瓢饮！永远只做龙头股！找市场上"最靓的崽"，市场龙，板块龙。只有龙头股才有可能实现短期内的惊人涨幅，只有龙头股才是最安全的。

股价总是向阻力小的地方发展！若想上涨，就要资金助推！在情绪不好的时候，资金是往阻力最小的地方走；情绪好的时候，资金是往推动力最大的地方走。

靠山山会倒，靠人人会跑，免费的馅饼很可能就是陷阱，想长期存活在股市，必须独立思考。坚持复盘，厘清思路，功夫到，自然水到渠成！

保住本金和控制回撤同样重要！如果本金亏损50%，回本需要涨100%；如果本金亏损70%，回本需要涨333%。如果第一天你挣10%，第二天全都亏了回去，这有什么意义呢？

重视复利的威力，每月20%，一年就是10倍！保持好的交易模式，不要把目标定得太高，形成铁律，严格执行！以复利为信仰，提醒自己一口吃不成胖子，做好止损和止盈。

时刻保持清醒的头脑、好的心态，减少买入频率，保持一份干净的交割单。不因一时的成功而沾沾自喜，也不能因一时的失败而自暴自弃,总结经验、吸取教训,找到属于自己在股市生存的"法宝"。

## 只有学过龙头战法的人，才会有的感受

作者　BJ

通过学习后，不停地复盘，不停地思考，才能有所悟、有所学，这是我跟师傅学习之后最真实的感受。

经过师傅的悉心指点后，我发现原来凭感觉炒的股，在硬核逻辑下，其实都是虚的，不堪一击。这个时候，就会发现跟着巨人学习的思路，完全打破了以前自己认可的投资常识，整体的交易理念都发生了重大的颠覆。我发现，除了股票外，对于身边的事物，也会有更深层次的思考，而不是一味地从第六感或者是情感角度出发。

以前认为很重要的是价值投资，而在学习后就会明白这个东西没有任何意义。在长期复盘后，按照复盘逻辑，次日实盘操作中已经无视筹码分布、通达信公式等所有理论。把握住龙头股的核心逻辑，龙头股就是资金+逻辑+市场合理共同打造出的作品，初期看重资金+逻辑，后期看重情绪+逻辑，有资金的股可以活，有情绪的股就能飞。套用这个思维，会发现更能看穿很多东西。

根据师傅的操作，会发现龙头战法的模式其实很简单，用同一套获利方法重复做，好的机会重仓做；环境差，轻仓试手感，或者空仓。在资产不达到千万级别，不用考虑其他模式，一招鲜，吃遍天。

当然，在刚开始学习的时候，我也经常犯错，经常亏钱，做错了要反思，哪里错了，就要纠正哪里，一定要敢于面对失败。永远牢记：耐心+顺势而为+知行合一。最大的感受是：做短线不等于天天去做，没有把握就空仓，频繁的交易是亏损的重要原因。

反复地去看师傅的早盘，其实已经有很多技巧和逻辑透露出来了，这个需要个人的理解能力了，我跟师傅的时间不是很长，但是很明显感受到了自己的进步，就像师傅说的，每个班级都有好学生、差学生，老师都是同一人，有的一点就会，有的死记烂背还是不会，能跟着师傅的，不一定都是天才，但一定不是蠢材，笨鸟可以先飞，但一定要比别人多几倍的努力，比如每晚勤于复盘，运用逻辑更缜密等。我也是真心希望各位师哥师弟能有所成，有所为，不枉师傅的一片苦心！